Reichsgerichts-Entscheidungen

in kurzen Auszügen

Herausgegeben vom

Deutschen Richterbund

Zivilsachen — Band 136

1933

München, Berlin und Leipzig

J. Schweitzer Verlag (Arthur Sellier).

Printed in Germany

Druck von Dr. F. P. Datterer & Cie., Freising-München

Von dieser Sammlung erschienen folgende Bändchen:

I. Zivilsachen:	Bd.	76—100 . . .		je RM.	0.80
	„	101—130 . . .		je RM.	1.—
	„	131—136 . . .		je RM.	2.—
Serien:	„	76—136	mit 2	zus. RM.	61.—
	„	81—136	Reg. 83–119	zus. RM.	58.—
	„	91—136	120—130	zus. RM.	51.—
	„	101—136		zus. RM.	44.—
	„	111—136		zus. RM.	35.—
Gesamtregister zu	Bd.	83—119		RM.	6.—
Gesamtregister zu	Bd.	120—130		RM.	1.80
II. Strafsachen:	Bd.	45—55 . . .		je RM.	0.80
	„	56—60 . . .		je RM.	1.—
	„	61—65 . . .		je RM.	2.—
Serie: Bd. 45—65 mit Ges.-Reg. zu Bd. 45—60				zus. RM.	23.—
Gesamtregister zu	Band	45—60		RM.	3.70

Jedes Bändchen entspricht einem Bande der amtlichen Sammlung.

1. Streupflicht. Schadenersatz. Mitverschulden. Kirchliche Vermögensverwaltung. Vorstandsmitglied. Pflichtverletzung. (BGB. §§ 31, 89, 254; PrG. ü. d. Verwaltung des kath. Kirchenvermögens vom 24. Juni 1924.) Ein Kirchenvorstandsmitglied stürzte bei Glatteis auf dem im Eigentum der Pfarrgemeinde stehenden Kirchplatz und verletzte sich. Seiner Klage gegen die Kirchengemeinde hielt diese entgegen, daß er als Vorstandsmitglied neben dem Pfarrer für die Durchführung der Beschlüsse des Kirchenvorstands hafte, also auch des Beschlusses, durch den für das Streuen des Kirchplatzes ein Betrag genehmigt worden war. Das Berufungsgericht hatte der Klage stattgegeben, da dem Kirchenvorstand lediglich die rechtsgeschäftliche Willensbildung bei der Verwaltung des Kirchenvermögens obliege und er mit der tatsächlichen Verwaltung nichts zu tun habe. Dem trat das Reichsgericht nicht bei. Die kirchliche Vermögensverwaltung umfaßt auch die Sorge für seine tatsächliche Erhaltung, Nutzbarmachung und vorschriftsmäßige Verwendung. Das Amt des Kirchenvorstands ist ein Ehrenamt; seine Beziehungen zu der Gemeinde sind öffentlich-rechtlicher Natur, aber nach den Grundsätzen des Auftrags zu beurteilen. Er haftet deshalb auch für Fahrlässigkeit. Besteht unter den Vorstandsmitgliedern eine geteilte Verantwortung, die mit der tatsächlichen Arbeitsteilung zusammenhängt, so kann hiedurch der Rückgriff gegen ein Einzelmitglied ausgeschaltet werden. Im vorliegenden Fall war der Pfarrer als Vorsitzender des Kirchenvorstandes für die Durchführung des Beschlusses über das Streuen verantwortlich; das schloß aber nicht aus, daß ein Kirchenvorsteher, dem die mangelhafte Ausführung dieses Beschlusses zur Kenntnis kam, kraft seines Amtes verpflichtet war, dem Pfarrer dies mitzuteilen. Unterließ er das, und kam er dadurch selbst zu Schaden, so mußte er seiner Klage auf Ersatz zwar nicht die Einrede des Mitverschuldens, wohl aber die der Arglist entgegenhalten lassen, die dem entgegensteht, der etwas fordert, was er wieder zurückzugewähren hat. Ob die Vernachlässigung dem Kläger so rechtzeitig bekannt war, daß er für eine Abstellung des Übelstandes hätte sorgen können, war noch zu prüfen.

Amtl. Sammlg. S. 1—4.

2. **Schwarzfahrt. Kraftfahrzeugunfall. Haftung des Kraftwagenhalters. Sorgfaltspflicht. Zwischenurteil.** (BGB. §§ 823, 831; KFG. § 7; ZPO. § 256.) Der Kraftwagenführer einer Firma sollte nach Geschäftsschluß den Wagen in eine fremde Garage verbringen, da dort eine bessere Reinigungsmöglichkeit bestand. Er benutzte das zu einer Schwarzfahrt mit einem Arbeitskollegen und überfuhr hiebei eine Frau. Diese klagte gegen ihn und die Firma auf Schadenersatz sowie auf Feststellung der Verpflichtung zum Ersatz weiteren Schadens. Die Klage gegen den Wagenführer wurde durch Versäumnisurteil erledigt; der Anspruch gegen die Firma wurde vom Reichsgericht dem Grunde nach für gerechtfertigt erklärt. Das Berufungsgericht hatte die Ansicht der Beklagten, eine dauernde Überwachungspflicht bestehe dann nicht, wenn die Auskünfte bei Einstellung des Führers gut gelautet hätten, gebilligt; es hatte eine gesteigerte Sorgfalt und besondere Maßnahmen nur dann für nötig gehalten, wenn hiezu besondere Umstände drängten. Demgegenüber führte das Reichsgericht aus, daß an die Pflicht zur planmäßigen und dauernden Beaufsichtigung des Führers durch den Wagenhalter ein strenger Maßstab anzulegen ist. Da der Führer über 30 Jahre alt und bereits seit 10 Jahren im Besitz eines Führerscheines war und die Beklagte bei seiner Einstellung sowohl vom zuständigen Kraftfahramt, wie von seinen früheren Dienstherren befriedigende Auskünfte über ihn erhalten hatte, konnte ihr bezüglich der Sorgfalt der Auswahl kein Vorwurf gemacht werden; sie hatte aber ihre Überwachungspflicht verletzt. Zwar hatte sie dem Wagenführer die Vornahme von Schwarzfahrten bei Strafe sofortiger Entlassung untersagt und auch am Unfallstage sein Erscheinen in der fremden Garage vorher angekündigt. Das reichte aber nicht aus. Ein Kraftwagenführer, der den Entschluß zu einer Schwarzfahrt gefaßt hat, läßt sich erfahrungsgemäß auch durch ein Verbot davon nicht abbringen. Zudem handelte es sich bei der Überführung des Kraftwagens in die andere Garage um eine Ausnahmemaßregel; die Beklagte hatte daher noch keine Erfahrungen darüber sammeln können, ob der Führer sich auch dann bewähren würde, wenn ihm der Wagen nach Arbeitsschluß in der Dunkelheit allein überlassen wurde.

Zudem hatte sich der Führer der Beklagten gegenüber beschwert, daß ihm die Arbeit des Wagenreinigens erst nach Schluß seiner Arbeitszeit übertragen worden sei; die Erwägung lag daher nicht fern, daß er zur Abkürzung seiner Arbeit einen Arbeitsgenossen beiziehen und diesen dafür durch eine Spazierfahrt schadlos halten würde. Durch die ungenügende Überwachung hatte die Beklagte in ihm einen Anreiz zu der Schwarzfahrt hervorgerufen; dies genügte, um ihre Haftung nach dem Kraftfahrzeuggesetz zu begründen. Ob eine Haftung aus unerlaubter Handlung in Frage kam, hing davon ab, ob die Beklagte bei Überantwortung des Wagens an den Führer fahrlässig gehandelt hatte und ob ein adäquater ursächlicher Zusammenhang gegeben war; das war noch zu prüfen. — Das Landgericht hatte den Schadenersatzanspruch gegen die Beklagte durch ein als Zwischenurteil bezeichnetes Urteil dem Grunde nach für gerechtfertigt erklärt. Aus den Urteilsgründen ergab sich jedoch, daß auch bereits eine Entscheidung über die Feststellungsklage damit getroffen war. Das Urteil war daher nicht nur ein Zwischenurteil, sondern zugleich auch ein Teilurteil; die Urteilsformel entsprach insoweit nicht der Vorschrift des § 526 ZPO.

Amtl. Sammlg. S. 4—14.

Vgl. Bd. 59 S. 399; Bd. 69 S. 344; Bd. 70 S. 182; Bd. 77 S. 348; Bd. 81 S. 361; Bd. 95 S. 185; Bd. 105 S. 303, 351; Bd. 118 S. 144; Bd. 119 S. 61, 350, 382; Bd. 120 S. 161; Bd. 128 S. 153, 328; Bd. 129 S. 60; Bd. 131 S. 282; Bd. 133 S. 127; Bd. 135 S. 149; StS. Bd. 22 S. 357.

3. **Schwarzfahrt. Kraftfahrzeugunfall. Haftung des Kraftwagenhalters. Sorgfaltspflicht. Schadensbemessung.** (BGB. §§ 823, 831; KFG. §§ 7, 11.) Ein Kraftwagenführer fuhr auf einer Schwarzfahrt in betrunkenem Zustand in ein Pferdefuhrwerk und verletzte dessen Lenker und das Pferd. Der Klage gegen den Kraftwagenhalter auf Schadenersatz und Schmerzensgeld hatte das Landgericht stattgegeben; das Berufungsgericht hatte den vom Landgericht festgesetzten Betrag ermäßigt. Die Revision des Klägers führte zur Zurückverweisung. Die Beklagte hatte bei Einstellung des Führers keine Auskünfte über ihn eingeholt; wie das Landgericht feststellte, war er wiederholt wegen Zuwiderhandlung gegen seine Führer-

pflichten bestraft und mehrere Male wegen Trunkenheit aus seinen Stellungen entlassen worden. Die Untergerichte hatten deshalb die Haftung der Beklagten nach dem Kraftfahrzeuggesetz bejaht, jedoch abgelehnt, sie nach allgemeinen Grundsätzen haften zu lassen. Demgegenüber betonte das Reichsgericht, daß das Verhältnis der Vorschriften des Kraftfahrzeuggesetzes und der über unerlaubte Handlungen dahin zu bestimmen sei, daß § 7 Abs. 3 S. 2 KFG. dann anzuwenden ist, wenn sich das Verschulden des Halters darin erschöpft, die Benutzung des Kraftwagens ermöglicht zu haben; die Vorschriften über unerlaubte Handlungen sind dann anwendbar, wenn ein darüber hinausgehendes Verschulden vorhanden ist, besonders wenn sich das Verhalten des Kraftwagenhalters als eine fahrlässige Ausübung des Gewerbebetriebs darstellt. Die Einstellung einer ungeeigneten Persönlichkeit als Kraftwagenführer unter Außerachtlassung der gebotenen Sorgfalt stellte eine Verletzung der Halterpflichten dar; eine solche die Allgemeinheit gefährdende Ausübung des Gewerbebetriebs begründet eine Schadenersatzpflicht aus unerlaubter Handlung. Ob der Beklagten die Neigung des Kraftwagenführers zu Schwarzfahrten bekannt war, war unerheblich; Schwarzfahrten sind die häufige und durchaus adäquate Folge der Einstellung eines unzuverlässigen Wagenführers. Für die Nachprüfung wies das Reichsgericht darauf hin, daß auch bei Annahme einer Haftung lediglich nach dem Kraftfahrzeuggesetz dem Kläger der Ersatz desjenigen Schadens zukam, der ihm durch Aufhebung oder Verminderung seiner Erwerbsfähigkeit entstanden ist. Dieser Schaden ist nicht nur dem medizinisch nachweisbaren Grad der Minderung der Erwerbsfähigkeit gleichzustellen, sondern es ist zu untersuchen, welchen Schaden der Verletzte durch die Aufhebung oder Verminderung seiner Arbeitsfähigkeit wirklich erlitten hat. Hatte der Kläger aus diesem Grunde sein Fuhrgeschäft verloren, so konnte er auch hiefür eine Entschädigung verlangen. (VII, 4. April 1932.) Amtl. Sammlg. S. 15—19. Vgl. Bd. 81 S. 361; Bd. 119 S. 60, 351; Bd. 133 S. 127.

4. **Gütergemeinschaft. Teilungsversteigerung. Zurückbehaltungsrecht.** (BGB. §§ 273, 745, 1424, 1438, 1443, 1471, 1472, 2038; ZVG. §§ 93, 118, 132, 146, 150.) Der Gastwirt W. lebte mit seiner Ehefrau in allgemeiner

Gütergemeinschaft; aus der Ehe waren 5 Kinder hervorgegangen. Er erwarb ein Grundstück, auf dem eine Gastwirtschaft betrieben wurde; im Grundbuch wurde er als Alleineigentümer eingetragen. Nach dem Tode seiner Ehefrau verpachtete er das Grundstück für die Zeit vom 1. November 1926 bis zum 30. April 1932 an den Gastwirt B. Das Grundstück wurde im Jahre 1930 zwecks Aufhebung der Erbengemeinschaft zwangsversteigert; von den Kindern des W. waren inzwischen drei verstorben. Der Erwerber klagte gegen B. auf Räumung des Anwesens, da der Pachtvertrag unwirksam sei. Die Klage drang durch. Das Pachtgrundstück gehörte ursprünglich den Ehegatten W. gemeinschaftlich; hieran wurde auch dadurch nichts geändert, daß W. als Alleineigentümer im Grundbuch eingetragen worden war. Zur Zeit des Abschlusses des Pachtvertrages stand das Grundstück dem Witwer und der aus ihm und den Kindern bestehenden Erbengemeinschaft zu; beiden zusammen gebührte die Verwaltung gemeinschaftlich. Zum gültigen Abschluß des Pachtvertrages bedurfte es daher der Mitwirkung der Erbengemeinschaft. Es war hiebei unerheblich, ob W. an der Gesamthandsgemeinschaft mit einem höheren Anteil beteiligt war ($^5/_8$), als die Erbengemeinschaft; die Vorschrift des § 745 Abs. 1 BGB. bezieht sich nur auf die Mehrheitsbildung innerhalb der Erbengemeinschaft, nicht aber auf das Verhältnis unter den beiden Gesamtgutsbeteiligten, die bei der Verwaltung des Gesamtguts gleichberechtigt sind. Nach den Feststellungen des Berufungsgerichts hatte W. sich bei Abschluß des Pachtvertrags für den Alleineigentümer gehalten. Dies war lediglich ein Irrtum über die wirkliche Rechtslage; die Vorschrift des § 1424 Abs. 1 S. 1 war daher nicht anwendbar. Der Beklagte hatte ein Zurückbehaltungsrecht geltend gemacht, weil der Kläger die Versteigerungssumme noch nicht an die Erbengemeinschaft, zu der auch die Ehefrau des Beklagten gehörte, abgeführt habe. Ein Zurückbehaltungsrecht setzt die Gegenseitigkeit der fälligen Ansprüche voraus; der Anspruch des Klägers auf Räumung des Grundstücks entsprang aber nicht dem gleichen Rechtsverhältnis wie der Anspruch der Erbengemeinschaft auf Berichtigung des Bargebots. Da zwischen W. und B. ein rechtsverbindlicher Pachtvertrag nicht zustandegekommen war, so lag in der Tatsache, daß der Kläger die Räumung des Grundstücks ohne Rücksicht auf die Befriedigung der Erbengemeinschaft durchführen wollte, kein Verstoß gegen Treu und Glauben. Der Teilungsplan war, soweit das Bargebot nicht berichtigt wurde, dadurch auszuführen, daß die Forderung gegen den Ersteher auf die Berechtigten übertragen wurde; sie bildete die rechtliche Grundlage für die Eintragung einer Sicherungshypothek unmittelbar hinter den Rechten, die nach den Versteigerungsbedingungen als Teil des geringsten Gebots bestehen blieben. Wirtschaftlich sind in einem solchen Fall die bisherigen Grundstückseigentümer so gestellt, wie wenn beim Kauf die Beteiligten sich einigen, daß ein Teil des Kaufpreises für den Verkäufer auf dem Grundstück stehen bleibt und der Käufer sich der sofortigen Vollstreckung unterwirft. Der Gesamthandsgemeinschaft, an der die Ehefrau des Beklagten beteiligt war, stand ein Anspruch auf dingliche Sicherung auf Grund der Übertragungsanordnung zu. Dem Zweck als Zurückbehaltungsrecht entsprechend findet sein Gebrauch seine natürliche Grenze an dem Schutzbedürfnis; es versagt, wenn der Schuldner sich bereits auf andere Weise gesichert hatte. Das traf hier zu, da die Erbengemeinschaft durch die ihr freistehenden Vollstreckungsmaßnahmen, gegebenenfalls durch Zwangsverwaltung, dem Räumungs- und Herausgabebegehren des Erstehers begegnen konnte. (VIII, 10. März 1932.)

Amtl. Sammlg. S. 19—26.

Vgl. Bd. 68 S. 32; Bd. 79 S. 345, 355; Bd. 85 S. 133; Bd. 119 S. 321.

5. **Verkehrsweg. Einziehung. Telegraphenlinienverlegung. Kostenersatz.** (TelWG. §§ 1, 3.) Beim Bau einer Talsperre fiel ein vom Fiskus zu unterhaltendes Straßenstück in das geplante Staubecken; auf Antrag des Fiskus wurde das Straßenstück eingezogen. Die Reichspost, die auf der Straße eine Telegraphenlinie unterhielt, hatte gegen die Einziehung keinen Einspruch eingelegt; nach Verlegung der Linie klagte sie gegen den Fiskus auf Ersatz der durch die Verlegung entstandenen Kosten. Die Klage wurde in allen Rechtszügen abgewiesen. Hört eine Wegestrecke infolge Einziehung durch die zuständige Straßenpolizeibehörde auf, ein öffentlicher Weg zu sein, so erlischt die Befugnis der Reichspost, diesen Grund und

Boden für ihre Telegraphenlinie zu benutzen; die gebotene Änderung ist auf Kosten der Telegraphenverwaltung zu bewirken. Ob es sich hiebei um die Einziehung eines selbständigen oder eines unselbständigen Wegeteils handelt, ist belanglos; als Einziehung ist jede Verlegung eines öffentlichen Weges oder Wegeteils anzusehen. Änderung eines Weges im Sinne des § 3 Abs. 1 TelWG. liegt nur dann vor, wenn der Weg auf demselben Grund und Boden bleibt und lediglich am Wegekörper selbst Veränderungen (z. B. Erhöhungen oder Tieferlegungen) vorgenommen werden. (IX, 16. März 1932.) Amtl. Sammlg. S. 26—32.
Vgl. Bd. 102 S. 184.

6. **Mietvertrag. Verhältnis zwischen Vermieter und Untermieter. Herausgabeanspruch. Rücktritt vom Vertrag.** (BGB. §§ 346, 556.) Tritt ein Vermieter vom Vertrag zurück, so ist damit der Vertrag auch für die Vergangenheit als fortgefallen anzusehen, gleich als ob er nie abgeschlossen worden wäre. An seine Stelle tritt dann ein gesetzliches Schuldverhältnis, nach dem die empfangenen Leistungen Zug um Zug zurückzugewähren sind. Damit fällt auch die Verpflichtung des Untermieters zur Rückgewähr der Mietsache fort. Seine Verpflichtung beruht lediglich auf dem Beitritt zur Vertragsschuld des Hauptmieters; beide haften als Gesamtschuldner. Der Untermieter ist an dem Vertragsrücktritt, der sich zwischen dem Vermieter und dem Hauptmieter vollzieht, in der Regel nicht beteiligt; es entsteht daher durch den Rücktritt kein gesetzliches Schuldverhältnis zwischen dem Vermieter und dem Untermieter. Die Gesamtschuld des Untermieters auf Rückgabe der Mietsache fällt daher ersatzlos weg. Der Vermieter kann also gegen ihn nicht auf Rückgabe klagen. (VIII, 17. März 1932.)
Amtl. Sammlg. S. 33—34.
Vgl. Bd. 85 S. 133.

7. **Aufwertung. Ausgleichsanspruch. Treu und Glauben. Änderung der Rechtsprechung. Ähnlichkeit des Sachverhalts, Vertragsauslegung.** (AufwG. §§ 17, 74; BGB. § 242.) Ein Grundstück, auf dem eine Vorkriegshypothek in Höhe von 40000 ℳ lastete, wurde im Januar 1926 verkauft. Die Käuferin übernahm diese Hypothek bis zum Aufwertungsbetrag von 500 *RM*; für den überschießenden Betrag sollte der Verkäufer weiter verhaftet bleiben und

auch der Käuferin auf Ersatz haften, falls diese dafür in Anspruch genommen werden sollte. Von der früheren Gläubigerin wurden Aufwertungsansprüche dinglicher Art erhoben; die Käuferin bezahlte den Aufwertungsbetrag und klagte gegen den Verkäufer auf Erstattung. Dieser wandte ein, daß man bei Vertragsabschluß mit einer dinglichen Aufwertung für die frühere Gläubigerin nicht gerechnet habe; eine solche sei erst später durch eine Änderung der Rechtsprechung eingetreten und es müsse ihm daher ein Ausgleichsanspruch zugebilligt werden. Das Reichsgericht bemerkte hiezu, daß ein solcher Ausgleichsanspruch bisher nur dann zugebilligt worden sei, wenn der Vertrag, durch den die Haftung für hypothekarische Belastungen geregelt worden war, vor dem Inkrafttreten des die nachträgliche Aufwertungsbelastung bedingenden Gesetzes abgeschlossen wurde; Grundlage eines solchen Ausgleichsanspruches war eine unvorhergesehene Gesetzesänderung. Im vorliegenden Fall war keine Gesetzesänderung eingetreten, wohl aber eine Änderung in der Beurteilung der rechtlichen Tragweite der gesetzlichen Bestimmungen. Wenn das Berufungsgericht wegen der Ähnlichkeit des Sachverhalts unter den im übrigen gleichen Voraussetzungen einen Ausgleichsanspruch zubilligen wollte, so war dem in dieser Allgemeinheit nicht zuzustimmen; eine unerwartete Entwicklung der Rechtsprechung steht nicht schlechthin einem Wegfall der Geschäftsgrundlage gleich. Die besonderen Verhältnisse rechtfertigten hier aber eine Anwendung der Ausgleichungsgrundsätze. Zur Zeit des Vertragsabschlusses bestand über die gesetzlich noch keineswegs eindeutig geregelte Frage der dinglichen Aufwertung für den früheren Gläubiger lediglich die vom Kammergericht entwickelte und festgehaltene Rechtsprechung. Wenn diese von den Vertragsparteien zur ausdrücklichen Grundlage ihrer vertraglichen Beziehungen gemachte Rechtsprechung nachträglich durch die entgegengesetzte Rechtsprechung des Reichsgerichts in einer alle Oberlandesgerichte bindenden Weise abgelöst wurde, war es gerechtfertigt, diese Änderung der Rechtsprechung für die Beziehungen der Parteien aus dem Gesichtspunkt des Ausgleichsanspruchs nicht anders zu beurteilen, als eine Gesetzesänderung. Es war noch zu untersuchen, welche Vorstellungen die Vertragschließenden von der Aufwertungsgefahr, die der eine Teil übernahm, hatten, bei vernünftiger Würdigung auch haben konnten und sie damit zur Grundlage der vereinbarten Gleichwertigkeit zwischen Leistung und Gegenleistung machten. Dabei war auch die Möglichkeit einer ergänzenden Vertragsauslegung in Betracht zu ziehen. Sollte sich hieraus eine Versagung des Ausgleichsanspruchs ergeben, so war ferner zu prüfen, ob nicht aus dem Gesichtspunkt des beiderseitigen Irrtums eine anderweitige Beurteilung des Klaganspruchs geboten war. (VI, 17. März 1932.)

Amtl. Sammlg. S. 34—40.

Vgl. Bd. 116 S. 177; Bd. 119 S. 137; Bd. 121 S. 56; Bd. 134 S. 349.

8. **Bürgschaft. Forderungsübergang. Konkursvorrecht. Typischer Vertrag.** (BGB. § 774; KO. § 61.) Eine Bank hatte für die Zollschulden einer Exportfirma dem Fiskus gegenüber Bürgschaft übernommen; in der Bürgschaftsurkunde verpflichtete sie sich, im Fall des Konkurses der Hauptschuldnerin ein Konkursvorrecht erst dann geltend zu machen, wenn die Reichskasse wegen der im Konkurs angemeldeten Abgabenforderung voll befriedigt sei. Die Firma geriet in Konkurs. Nachdem die Bank ihre Schuld aus der Bürgschaft beglichen hatte, meldete sie die auf sie übergegangene Forderung als bevorrechtigte Forderung an. Auch der Fiskus hatte bevorrechtigte Forderungen aus rückständigen Zöllen geltend gemacht, die allein die vorhandene Masse überstiegen. Er verlangte von der Bank, daß sie mit ihren Forderungen zurücktrete. Die Klage drang nicht durch. Unter voller Befriedigung war nicht die Befriedigung aller Abgabenforderungen, sondern nur die Befriedigung der Bürgschaftsforderung zu verstehen; die zu sichernde Forderung war nicht schlechthin, sondern nur dem Höchstbetrag nach verbürgt. Eine typische, vom Revisionsgericht frei auszulegende Urkunde lag nicht vor; die Verwendung eines Formblattes für die Errichtung genügte dafür nicht. Der Bürge darf zwar das Befriedigungsrecht des Gläubigers wegen der Forderung, auf die sich seine Bürgschaft bezieht, nicht verkümmern; dieses Vorrecht des Gläubigers erstreckt sich aber nicht auf andere Forderungen desselben Gläubigers gegen denselben Schuldner. Der Nachteil, vor dem der Gläubiger bewahrt werden soll, ist kein allgemeiner wirtschaft-

licher Nachteil, sondern es handelt sich darum, daß der Eintritt des Bürgen die Rechtsstellung des Gläubigers, zu deren Verstärkung die Bürgschaft dient, nicht rechtlich beeinträchtigt. Der Gläubiger, der dem Bürgen gegenüber nur als Gläubiger der verbürgten Forderung in Betracht kommt, kann daher nicht allgemein einen Vorrang vor dem Bürgen als Rückgriffsgläubiger beanspruchen. Da es sich hier um eine selbständige Forderung handelte, in welche die Beklagte durch ihre Vollzahlung eingetreten war, so stand die Verfolgung anderer Konkursforderungen seitens des Fiskus ihrer Teilnahme am Verfahren wie in der Deckung nicht entgegen. (VIII, 21. März 1932.) Amtl. Sammlg. S. 40—45.

Vgl. Bd. 74 S. 77; Bd. 76 S. 195; Bd. 82 S. 133; Bd. 131 S. 323; Bd. 134 S. 82.

9. **Notar. Stempel. Amtspflichtverletzung. Schadenersatz.** (BGB. § 839; PrStempStG. vom 27. Oktober 1924 § 15.) Eine Firma hatte vor dem Notar einen Übereignungsvertrag abgeschlossen. Der Notar hatte dafür einen Kaufstempel angesetzt; dieser wurde auch entrichtet. Später wurde die Firma von andrer Seite darauf hingewiesen, daß nur der allgemeine Vertragsstempel geschuldet war. Das Finanzamt lehnte eine Rückerstattung wegen Fristablaufs ab. Die Klage gegen den Notar auf Erstattung des zuviel bezahlten Stempelbetrags drang in allen Rechtszügen durch. Der Notar hat nach den Vorschriften des Stempelsteuergesetzes den Stempel zu berechnen und die Berechnung dem Stempelsteuerpflichtigen mitzuteilen. Die mit der Erhebung von Abgaben befaßten Beamten, zu denen kraft seines Amtes auch der Notar gehört, dürfen den Abgabepflichtigen keine ungerechtfertigten Steuerbeträge abfordern. Ungerechtfertigt ist eine Steuererhebung auch dann, wenn ein zu hoher Betrag gefordert wird. Der Notar haftete deshalb der Klägerin für den Schaden, dessen Ersatz sie von anderer Seite nicht erlangen konnte. (III, 22. März 1932.) Amtl. Sammlg. S. 45—49.

Vgl. Bd. 121 S. 176; Bd. 130 S. 319.

10. **Lebensversicherung. Bezugsberechtigung. Widerruf. Zugehen. Verzicht.** (BGB. § 332; VVG. § 166.) Ein Ehemann hatte eine Lebensversicherung auf den Inhaber abgeschlossen; die Versicherungsgesellschaft hatte in ihren Büchern vermerkt, daß in dem Versicherungsantrag die

Ehefrau als Bezugsberechtigte bezeichnet war, und dies dem Versicherten auch mitgeteilt. Dieser übergab die Police einem Gläubiger zur Sicherung eines Darlehens. Nach seinem Tode klagte die Witwe auf Zahlung der Versicherungssumme. Das Berufungsgericht hatte die Klage abgewiesen und der Widerklage des Gläubigers auf Auszahlung an ihn stattgegeben; das Reichsgericht verwies die Sache zurück. Das Berufungsgericht vertrat die Auffassung, der Versicherte habe nach den allgemeinen Versicherungsbedingungen das Recht, den Bezugsberechtigten selbst zu bestimmen, sowie auch die Bestimmung zu ändern; die Versicherungsgesellschaft sei berechtigt, den Inhaber des Versicherungsscheines als den Verfügungsberechtigten über alle Vertragsansprüche anzusehen; der Empfang einer Widerrufserklärung sei für sie nicht von größerer Bedeutung als der Empfang einer Legitimationserklärung. Diese Ansicht war nicht frei von Rechtsirrtum. Die Inhaberklausel, mit der der Vertrag abgeschlossen war, schloß die Anwendung der Vorschrift aus, daß die Abtretung von Versicherungsansprüchen gegenüber der Gesellschaft nur wirksam ist, wenn ihrem Vorstand eine Anzeige von der Abtretung durch den Versicherungsnehmer zugegangen ist. Bei der Frage, ob eine gemäß dem Versicherungsvertrag bestehende Bezugsberechtigung wirksam widerrufen wurde, handelt es sich aber nicht nur um den Nachweis der formellen Berechtigung zum Empfang der Leistungen des Versicherers, sondern auch darum, ob durch den Eintritt des Versicherungsfalls dem im Vertrag bezeichneten Bezugsberechtigten ein Anspruch auf die Versicherungssumme erwachsen ist oder ob dieser Anspruch infolge Widerrufs des Bezugsrechts ausgeschlossen wurde. Der Widerruf ist eine dem Vertragsgegner gegenüber abzugebende empfangsbedürftige Willenserklärung; die Ausnahmevorschrift des § 332 BGB. ist einer ausdehnenden Auslegung nicht zugänglich. Ob ein ausdrücklicher Verzicht der Gesellschaft hieran etwas geändert hätte, blieb dahingestellt; in der Vereinbarung einer Inhaberklausel allein ist ein Verzicht auf das Zugehen des Widerrufs jedenfalls nicht zu erblicken. Die Abtretung an den Gläubiger hatte daher nicht die Wirkung eines Widerrufs der Bezugsberechtigung der Klägerin. (VII, 22. März 1932.) Amtl. Sammlg. S. 49—52.

Vgl. Bd. 94 S. 26.

11. **Gemeinnütziges Siedlungsunternehmen. Vorkaufsrecht des Pächters.** (RSiedlG. § 6; BGB. § 508.) Ein gemeinnütziges Siedlungsunternehmen erwarb ein Gut; ein Teil davon wurde zur Besiedlung verwendet, den Rest verkaufte das Unternehmen an einen Gutsbesitzer. Dieser verpachtete den Großteil des Landes. Mehrere Jahre später erwarb das Siedlungsunternehmen das Land zurück; es legte dort Siedlerstellen an und veräußerte das Restgut weiter. Ein Pächter, dem der Pachtvertrag gekündigt worden war, machte an dem Restgut ein Vorkaufsrecht geltend. Die Klage des Siedlungsunternehmens, daß ihm ein solches nicht zustände, drang durch. An sich ist das Vorkaufsrecht des Pächters auch auf freihändig erworbene Grundstücke anwendbar; es würde leicht umgangen werden, wenn man es nur da für anwendbar erklären wollte, wo der Erwerb des Grundstücks sich in den Formen des Reichssiedlungsgesetzes vollzogen hatte. Allein ein Vorkaufsrecht an dem Restgut ist nur dann gegeben, wenn dieses zum Pachtland gehört. Der Pächter hätte daher das Vorkaufsrecht nur an dem Teil des Restgutes ausüben können, auf den sich sein Pachtvertrag erstreckte. (VI, 4. April 1932.) Amtl. Sammlg. S. 52—56. Vgl. Bd. 104 S. 324; Bd. 110 S. 409; Bd. 133 S. 78.

12. **Bankzinsen. Angemessenheit. Usance. Gute Sitten.** (BGB. §§ 138, 242, 317; HGB. §§ 352, 353.) Eine Bank klagte gegen eine Firma, die bei ihr eine laufende Rechnung hatte, auf Zahlung des Saldos nebst Zinsen. Die Beklagte wandte ein, daß die Berechnung der Ansprüche, die aus den Jahren 1919—1924 stammten, wucherisch und sittenwidrig sei. Das Landgericht hatte die Beklagte unter Absetzung einer Pauschalsumme von 50000 *RM* zur Zahlung verurteilt; das Berufungsgericht hatte auch auf Zahlung der Pauschalsumme erkannt. Die Revision der Beklagten hatte Erfolg. Nach der Feststellung des Berufungsgerichts hatten die berechneten Zinsen und Provisionen nach Höhe des Prozentsatzes, Berechnung und Saldierung der Zinsen den damals bankublichen Sätzen entsprochen. Das schloß aber nicht aus, daß die Berechnungsart der Klägerin Sondervorteile gewährte, die mit Treu und Glauben nicht zu vereinen waren. An sich waren die Debetzinsen der Beklagten unter Verwendung von Zins-

zahlen nach dem jeweiligen Stand der Schuld zu errechnen und in längeren Zeitabschnitten zu saldieren. Wenn im Gegensatz zu der früheren Übung in besonders kurzen Zeitabschnitten saldiert und dabei ein ungewöhnlich hoher Zinssatz eingesetzt wurde, so mochte das rechtlich nicht zu beanstanden sein; wurden aber darüber hinaus die Zinsen schematisch nach dem innerhalb der Saldoabschnitte jeweils erreichten Höchststand der Schuld für den ganzen Saldoabschnitt berechnet, so konnten hiedurch der Klägerin Vorteile erwachsen, die sich nicht rechtfertigen ließen. Zu prüfen war insbesondere noch, ob es zweckentsprechend und zumutbar war, bei der Zinsberechnung das Mittel zwischen dem höchsten und dem niedrigsten Betrag innerhalb des Saldoabschnittes zugrunde zu legen oder wie sich die von den Beklagten gewählte Berechnungsart zu einer Zinsberechnung nach dem jeweiligen Stand der Schuld im Ergebnis gestellt hätte und ob dabei ein solcher Unterschied zutage getreten wäre, daß das Vorgehen der Klägerin nicht zu billigen war. (I, 6. April 1932.)

Amtl. Sammlg. S. 56—60.

Vgl. Bd. 118 S. 165.

13. Schmerzensgeld. Bemessung. (BGB. § 847.) Die Frage, ob bei Bemessung der Höhe des Schmerzensgeldes auch die Haftpflichtversicherung des Täters berücksichtigt werden kann, wurde vom Reichsgericht verneint, da diese ihn für dasjenige schadlos halten soll, was er auf Grund seiner Verantwortlichkeit zu leisten hat und was deshalb zunächst feststehen muß. Bei der Bemessung des Schmerzensgeldes kann auch auf den Grad der Fahrlässigkeit des Täters Rücksicht genommen werden. Ein besonders grobes Verschulden des Täters kann dabei eine Erhöhung begründen, zumal es auf den Beschädigten verbitternd wirkt. An der in einer früheren Entscheidung geäußerten Ansicht, daß es auf den Grad des Verschuldens bei Feststellung der Höhe des Schmerzensgeldes nicht ankomme, wurde in dieser Allgemeinheit nicht mehr festgehalten. (VI, 7. April 1932.) Amtl. Sammlg. S. 60—62.

Vgl. Bd. 63 S. 104; BayRpflZ. 1910 S. 217.

14. Aufwertungsstelle. Gericht. Vollstreckbare Urkunde. Beurkundung. (AufG. § 7; DurchfVO. z. AufwG. Art. 117; ZPO. §§ 794, 800.) Zu Protokoll der Aufwertungsstelle wurde ein Vergleich geschlossen, in dem sich der Schuldner der Zwangsvollstreckung unterwarf. Das Grundbuchamt lehnte die Eintragung der Unterwerfungsklausel ab, da die Aufwertungsstelle zu der Beurkundung nicht befugt sei. Die Beschwerde gegen diesen Beschluß wurde zurückgewiesen; auf weitere Beschwerde hin hatte das Kammergericht die Sache dem Reichsgericht vorgelegt, da es durch einen Beschluß des Bayerischen Obersten Landesgerichts sich gehindert sah, der weiteren Beschwerde stattzugeben. Das Reichsgericht erklärte die Beschwerde für gerechtfertigt. Die Unterwerfung unter die Zwangsvollstreckung ist wirksam, wenn sie von einem deutschen Gericht innerhalb der Grenzen seiner Amtsbefugnis in der vorgeschriebenen Form aufgenommen wird. Aufwertungsstelle ist das Amtsgericht; daß dieses in seiner Eigenschaft als Aufwertungsstelle nicht als Gericht anzusehen sei, könnte man nur dann annehmen, wenn die ihm übertragenen Aufgaben nach ihrem inneren Wesen oder nach der Verfahrensregelung völlig aus dem Rahmen der Gerichtstätigkeit hinausfielen. Das war nicht der Fall. Die Aufwertungsstelle ist daher eine Abteilung des Amtsgerichts, gleichwie das Grundbuchamt. An der in einer früheren Entscheidung vertretenen Ansicht, die Aufwertungsstelle sei unbedenklich als reichsgesetzliche Verwaltungsbehörde im Sinne der für Landesbehörden niedergelegten Grundsätze anzusehen, wurde nicht mehr festgehalten. (V, 11. April 1932.)

Amtl. Sammlg. S. 62—65.

Vgl. Bd. 75 S. 430; Bd. 121 S. 312.

15. Markenwaren. Preisbindung. Preisschleudern. Gute Sitten. Unlauterer Wettbewerb. Rechtsverordnung. (NotVO. vom 26. Juli 1930 V. 1; KartVO. § 1; UnlWG. § 1; VO. über Preisbindung von Markenwaren vom 16. Januar 1931.) Eine Margarinefirma vertrieb ihre Erzeugnisse als Markenartikel unter der Bezeichnung Effka; sie verlangte durch Vorlage eines Reverses von den Händlern, daß diese bestimmte Mindestverkaufspreise einhielten. In einem Vorprozeß hatte sie gegen einen Händler wegen Verletzung dieser Vorschrift geklagt, war jedoch abgewiesen worden, da das Gericht feststellte, daß von einem lückenlosen Preissystem nicht gesprochen werden könne. Ein anderer Händler hatte ebenfalls die Mindestverkaufspreise nicht beachtet; die Firma sperrte ihm hierauf die Lieferung. Er bezog nunmehr die Effkamargarine von anderer Seite und setzte den Verkauf zu den niedrigeren Preisen solange fort, bis ihm durch einstweilige Verfügung das untersagt wurde. Die Firma klagte gegen ihn auf Unterlassung des Verkaufs zu Minderpreisen; der Händler erhob Widerklage auf Ersatz der ihm durch die einstweilige Verfügung entstandenen Kosten. Das Landgericht hatte die Klage abgewiesen und der Widerklage stattgegeben; das Berufungsgericht erkannte umgekehrt. Die Revision des Beklagten führte zur Zurückverweisung. Eine Anwendung der Kartellnotverordnung schied aus, desgleichen kam die Ausführungsverordnung über Aufhebung und Untersagung von Preisbindungen nicht in Frage, da die Preisbindungen der Klägerin nur ihr eigenes Erzeugnis zum Gegenstand hatten. Dagegen war die Anwendbarkeit der Markenwarenverordnung gegeben. Wenn die Klägerin den von ihr für die Abgabe an die Verbraucher festgesetzten Kleinverkaufspreis gegenüber dem Stande vom 1. Juli 1930 nicht mindestens um 10% gesenkt hatte, war die Verpflichtung ihrer Abnehmer zur Einhaltung der Preisbindung nichtig und ihr die Anwendung der diese Bindung enthaltenden Geschäftsbedingungen für die Zukunft untersagt. Entfielen aber Preisbindung und Preisschutz für die vorher vertraglich gebundenen Abnehmer der Klägerin, so war das auch für das Verhältnis der Klägerin zum Beklagten als angeblich schleudernden Außenseiter insofern maßgeblich, als auch ihm gegenüber ein Unterlassungsanspruch nicht mehr bestand. Die Frage der Rechtsgültigkeit der Markenwarenverordnung wurde vom Reichsgericht bejaht. Die Verordnung wurde von der Reichsregierung auf Grund der Verordnung des Reichspräsidenten vom 26. Juli 1930 erlassen, deren Rechtsgültigkeit bereits früher vom Reichsgericht bejaht wurde. Zwar sind die dem Reichspräsidenten nach Art. 48 RVerf. gegebenen Befugnisse nicht als solche übertragbar; möglich ist aber, daß der Reichspräsident seine Maßnahmen gegenständlich und inhaltlich nur in ihrer allgemeinen Richtung trifft und das weitere nachgeordneten Stellen überläßt. Es können von ihm auch Rechtsverordnungen erlassen werden mit der Maßgabe, daß ihre nähere Ausführung wieder im Wege der Rechtsverordnung durch die Reichsregierung erfolgen solle; so wurde auch hier verfahren. Nach Zweck und Sinn dieser Maßnahmen mußte ihre Beachtung auch in der Revisionsinstanz von Amts wegen geprüft werden; insoweit fehlte es an genügenden tatsächlichen Feststellungen. Die Klägerin hatte ihre Kunden auf den Kleinverkaufspreis in der Weise verpflichtet, daß sie den Rechnungen über die Waren Zettel beigelegt hatte, wonach sich der Empfänger zur Weitergabe nur an Verbraucher, nicht an Wiederverkäufer und nicht unter dem festgesetzten Mindestverkaufspreis (Ladenpreis) verpflichtete; als Mindestverkaufspreis war 85 Pfg. für das Pfund angegeben. Bei Abnehmern mit mehreren Zweiggeschäften wurde allerdings zunächst die Ware übersandt und erst später Rechnung mit Beifügung der Zettel erteilt; dasselbe geschah auch bei Lieferung an Vereine. Mit Recht wandte die Revision ein, daß durch die letztere Art der Versendung jedenfalls nicht mehr von einem lückenlosen Preisbindungssystem gesprochen werden konnte. Wurde die Ware ohne Preiszettel und Rechnung zugestellt, so hatte die Klägerin das Angebot des Bestellers vorbehaltlos angenommen; erhielt dieser später die Rechnung mit der Preisbindungsklausel, die für den Weiterabnehmer eine besonders lästige Bindung bedeutete, so brauchte er sich daran nicht mehr zu kehren. Die Klägerin hatte behauptet, daß der Beklagte, dem sie den Warenbezug gesperrt hatte, sich die Margarine durch einen Dritten habe verschaffen lassen, der sie unter unwahren Vorspiegelungen ihr herausgelockt habe, um sie dem Beklagten zum Schleuderabsatz zu bringen. Traf das zu, so trug ein solcher Warenbezug auf unlauteren Schleichwegen den Unterlassungsanspruch der Klägerin allerdings auch dann, wenn ein lückenloses Preissystem nicht vorhanden war. Hierüber waren weitere Feststellungen erforderlich. (II, 5. April 1932.)

Amtl. Sammlg. S. 65—74.

Vgl. Bd. 133 S. 330; StS. Bd. 56 S. 165.

16. **Eigentümergrundschuld. Strafzinsen. Typische Abmachung.** (BGB. §§ 1163, 1177, 1178.) Auf einem Grundstück war an erster Stelle eine Hypothek für eine Versicherungsgesellschaft eingetragen; in der Eintragung war bestimmt, daß die Hypothek zu 7,5%, unter Umständen bis zu 10,5% zu verzinsen und für den Fall einer Fälligkeit

vor dem 31. März 1933, gleichviel, aus welchem Grund sie eintrat, für jedes Jahr der dadurch entstandenen Verkürzung eine Vergütung von 2% des Hypothekenkapitals zu entrichten sei. Auf Betreiben der Versicherungsgesellschaft wurde das Grundstück zwangsversteigert; sie machte im Zwangsversteigerungsverfahren weder die Strafzinsen noch die Vorfälligkeitsentschädigung geltend. Die nachfolgende Hypothek einer Bank wurde im Verteilungsplan nur zum Teil berücksichtigt. Die Grundstückseigentümerin legte gegen den Verteilungsplan Widerspruch ein mit der Begründung, daß durch den Verzicht der Versicherung auf Geltendmachung der Strafzinsen und der Vorfälligkeitsentschädigung eine Eigentümergrundschuld entstanden sei. Das Landgericht hatte der Klage teilweise stattgegeben; das Berufungsgericht hatte sie abgewiesen. Die Revision der Grundstückseigentümerin blieb erfolglos. Es handelte sich um eine Grundbucheintragung häufig wiederkehrender Art; das Reichsgericht war daher an die Feststellungen der Vorinstanzen nicht gebunden. Zu unterscheiden war zwischen dem Hypothekenrecht und den gewöhnlichen festen Zinsen einerseits und den Nebenleistungen und Strafzinsen andererseits. Strafzinsen sind ihrem Wesen nach nicht Zinsen, sondern vertragsmäßig bestimmte Sondervergütungen; sie stellen nur bedingte Verpflichtungen dar, mit deren Möglichkeit zwar gerechnet wird, jedoch nur im Sinne unwillkommener Ausnahmeerscheinungen. Es ist daher bei ihrer Sicherung im Zweifel anzunehmen, daß nur eine bedingte Belastung des Grundstücks damit gewollt ist. Während die unbedingte Hypothek kraft Gesetzes zur Eigentümergrundschuld wird, wenn die Forderung, für die sie bestellt wurde, nicht zur Entstehung gelangte, trifft das für eine bedingte Sicherung nicht zu. Durch die Aufnahme der Worte „unter Umständen" in den Eintragungsvermerk war die Bedingtheit der Hypothek genügend zum Ausdruck gebracht. Auch wenn für die aufschiebend bedingten Nebenleistungen eine unbedingte Hypothek bestellt worden wäre, würde man zu demselben Ergebnis kommen; die Gesetzesvorschrift, wonach eine Hypothek für Rückstände von Zinsen und anderen Nebenleistungen erlischt, wenn sie sich mit dem Eigentum in einer Person vereinigt, ist hier entsprechend anzuwenden. Zweck dieser Vorschrift ist, zu verhindern, daß sich zwischen mehrere ein Grundstück belastende Hypotheken Eigentümergrundschulden aus bezahlten Zinsen oder anderen Nebenleistungen einschieben, deren Entstehung an sich anerkannt werden müßte, aber durch den Grundsatz der Rangwahrung nicht gefordert wird. Diese Erwägungen treffen auch für Eigentümergrundschulden zu, in die sich bei Unbedingtheit der Belastung die Hypotheken für bedingte, aber nicht verfallene Strafzinsen und für nicht erwachsene Fälligkeitsentschädigungen verwandeln würden. Dem widerspricht auch nicht der Wortlaut des Gesetzes, da den Gegensatz zu Rückständen die erst in Zukunft fälligen Leistungen bilden, nicht aber solche Beträge aufschiebend bedingter Nebenleistungen, für die wegen Ausfalls der Bedingungen Gläubigerhypotheken nicht entstehen. (V, 13. April 1932.)

Amtl. Sammlg. S. 74—80.

17. **Höchstbetragshypothek. Wirksamkeit.** (BGB. § 1190.) Auf einem Grundstück der Eheleute S. wurde eine Höchstbetragshypothek von 15000 *RM* eingetragen; die Eintragungsbewilligung enthielt über den Schuldgrund keine Angaben. Der Ehemann erkannte die persönliche Forderung an und wurde demgemäß verurteilt; die dingliche Haftung wurde von den Eheleuten S. bestritten, da die zu sichernde Forderung nicht genügend bezeichnet sei und der Grundstücksanteil der Frau nicht für eine Schuld ihres Mannes hafte. Das Reichsgericht gab der Klage der Gläubigerin statt. Durch die Eintragung einer Höchstbetragshypothek kann nicht nur eine einzelne bestimmte Forderung, sondern auch eine Mehrheit von zunächst noch unbestimmten Forderungen, ein ganzer Forderungskreis, gesichert werden. Der Sicherungswille kann hiebei nicht nur die erst künftig zur Entstehung kommenden, sondern auch die schon bestehenden Forderungen umfassen; eine besondere Erklärung hierüber ist nicht nötig. Einer gesonderten Bezeichnung des Schuldners bedarf es dann nicht, wenn dieser zugleich Besteller der Hypothek ist. Das gilt auch dann, wenn die Ehefrau des Schuldners zur Sicherung eines ihrem Ehemann gewährten Darlehens auf ihrem Grundstücksanteil eine Hypothek bestellt; die ausdrückliche Hervorhebung des Ehemanns als des persönlichen Schuldners ist kein wesentliches Gültigkeitserfordernis. (V, 13. April 1932.)

Amtl. Sammlg. S. 80—82.

18. **Kraftfahrzeugunfall. Unfallrente. Witwenbeihilfe. Gesetzesauslegung.** (KFG. § 12; RVersorgG. §§ 39, 40, 86, 88.) Ein der Reichspostverwaltung gehöriger Kraftwagen überfuhr einen Mann; dieser starb an den Verletzungen. Die Klage der Witwe und der beiden Töchter auf Schadenersatz und Gewährung von Unterhaltsrenten wurde vom Berufungsgericht dem Grunde nach für gerechtfertigt erklärt. Die Revision der Reichspost hatte teilweise Erfolg. Die Witwe sowohl wie die Töchter erhielten von der Berufsgenossenschaft Unfallrenten, die Witwe erhielt außerdem als Kriegerwitwe ihres ersten Ehemannes eine Witwenbeihilfe und eine Zusatzrente. Sie erklärten sich bereit, die Unfallrenten auf die von der Reichspost zu zahlenden Unterhaltsrenten in Anrechnung bringen zu lassen; die Witwe wollte das für die ihr zustehenden Kriegerwitwenrenten nur für die Vergangenheit tun. Die Reichspost hatte für die Beerdigungskosten einen Betrag von 200 *RM* gezahlt; dieser war bei einer Höchstrente von 1500 *RM* in Abzug zu bringen, so daß die Gesamtrente um 6% von 200 *RM*, also um 12 *RM* zu kürzen war. Die Witwenbeihilfe und die Zusatzrente waren hiegegen nicht in Abzug zu bringen, da kein Anspruch der Witwe auf diese Bezüge bestand, sondern die Bewilligung, Bemessung und Entziehung dieser Beträge vom Ermessen der Versorgungsbehörde abhing, die außer der Bedürftigkeit auch noch andere Umstände zu berücksichtigen hatte. Derartige freiwillige, der Dauer und der Höhe nach unsichere Zuwendungen können nicht den gesetzlichen Ansprüchen gegen dritte Personen auf Leistung von Unfallrenten gleichgestellt werden; sie sind keine Vorteile, auf deren Erlangung dem Geschädigten durch den Unfall unmittelbar auf Grund der gesetzlichen Vorschriften ein Rechtsanspruch erwächst. Anders wäre die Rechtslage zu beurteilen gewesen, wenn in Höhe der geleisteten Witwenbeihilfe und Zusatzrente die Schadenersatzansprüche der Witwe auf das Reich übergegangen wären; das war aber nicht der Fall. (VI, 14. April 1932.)

Amtl. Sammlg. S. 83—87.

Vgl. Bd. 73 S. 216; Bd. 74 S. 274; Bd. 80 S. 51; Bd. 83 S. 317; Bd. 130 S. 261.

19. **Höchstbetragshypothek. Kontokorrent.** (BGB. § 1190; AufwG. §§ 4, 31, 65.) Auf einem Grundstück war

vor dem Krieg eine Höchstbetragshypothek bis zu 50000 ℳ eingetragen worden zur Sicherung aller gegenwärtigen und zukünftigen Ansprüche aus laufender Geschäftsverbindung mit einer Firma, mit der der Grundstückseigentümer in ein Kontokorrent trat. Das Kontokorrent wurde bis zum Jahre 1930 fortgesetzt; es wies beim Ende der Inflationszeit kein Guthaben für die Firma auf, ergab jedoch bei Abschluß einen Saldo von 40000 RM zu ihren Gunsten. Sie nahm für diesen Saldo die Höchstbetragshypothek in Höhe des Aufwertungsbetrags von 12500 RM in Anspruch und beantragte die Eintragung im Grundbuch. Die Untergerichte hatten die Eintragung abgelehnt; das Kammergericht wollte die weitere Beschwerde hiegegen zurückweisen, sah sich jedoch hieran durch einen entgegenstehenden Beschluß des Oberlandesgerichts Karlsruhe gehindert. Das Reichsgericht erklärte die Beschwerde für begründet. Weder das Aufwertungsgesetz noch die Währungsgesetzgebung fordern eine Trennung zwischen den alten Papiermarkansprüchen und den neuen wertbeständigen Forderungen innerhalb des ununterbrochen laufenden Kontokorrents. Die Höchstbetragshypothek war beim Übergang des Rechtsverhältnisses in die neue Währung mangels einer gesicherten Forderung noch eine Eigentümergrundschuld und war als solche aufzuwerten. Der Aufwertungsbetrag stand zunächst dem Grundstückeigentümer zu; diese Eigentümergrundschuld war aber kraft des ihr zugrunde liegenden, noch nicht abgeschlossenen Rechtsverhältnisses nur eine vorläufige, durch die Entstehung und Feststellung künftiger Gläubigeransprüche auflösend bedingte. Sie trug die Fähigkeit und die Bestimmtheit in sich, durch die Entstehung und Feststellung solcher Ansprüche sich aus einer Eigentümergrundschuld in eine Gläubigerhypothek zu verwandeln; daß die künftig entstehenden Forderungen nicht mehr als Papiermarkansprüche, sondern nur als wertbeständige Forderungen begründet werden konnten, machte nichts aus. Dieses Ergebnis entsprach auch der Billigkeit und den praktischen Bedürfnissen des Rechtsverkehrs. (V, 16. April 1932.)

Amtl. Sammlg. S. 87—91.

20. **Zwangsversteigerung. Forderungsübertragung. Schuldübernahme. Verzicht.** (ZVG. §§ 53, 118, 135 ff.;

BGB. §§ 414, 415, 416.) Auf einem Grundstück wurde eine Darlehenshypothek für die ostpreußische Landschaft in Höhe von 30000 GM eingetragen; 9000 GM hievon waren nicht valutiert und blieben Eigentümergrundschuld. Hinter der Landschaftshypothek wurde für N. eine Höchstbetragshypothek von 10000 GM eingetragen. Das Grundstück kam zur Zwangsversteigerung und wurde F. zugeschlagen; die beiden Hypotheken fielen in das geringste Gebot. Da F. die Ersteherschuld nicht bezahlen konnte, wurde in einer neuen Zwangsversteigerung das Grundstück N. zugeschlagen; in dieser Versteigerung entfiel auf den nichtvalutierten Teil der Landschaftshypothek ein Betrag von 7500 GM, während die Hypothek des N. ausfiel. Da der Ersteher nicht zahlte und die Landschaft insoweit keinen Anspruch erhob, wurde im Verteilungsverfahren eine Forderung von 9700 GM gegen den Ersteher an einen unbestimmten Empfänger zugeteilt. Auf Ersuchen des Grundbuchrichters wurde später, abweichend von dieser Forderungszuteilung, eine Sicherungshypothek in dieser Höhe für die Landschaft eingetragen; diese bewilligte freiwillig die Löschung, sie erfolgte aber nicht, da G., der frühere Eigentümer des Grundstücks, die Hypothek für sich beanspruchte. N. klagte gegen ihn auf Einwilligung in die Löschung, indem er gegen die Ersteherschuld mit seinen Forderungen aufrechnete, welche durch die bei der zweiten Versteigerung ausgefallene Hypothek gesichert waren. Die Untergerichte hatten die Klage abgewiesen; das Reichsgericht verwies die Sache zurück. Da der Beklagte als Gläubiger der durch die nichtvalutierte Hypothek entstandenen Eigentümergrundschuld im Verteilungsverfahren nicht als Berechtigter aufgetreten war, hatte der Versteigerungsrichter die Forderung auf den entsprechenden Teil des Erlöses auf den unbestimmten Empfänger übertragen. Anstatt die Hypothek für den noch unbekannten Berechtigten eintragen zu lassen, hatte er das Grundbuchamt ersucht, die Landschaft als Gläubigerin einzutragen; ein sachlicher Grund hiefür war nicht ersichtlich. Das lag jedoch nicht in der Macht des Richters; er schuf durch seine Anweisung einen Zwiespalt zwischen der Forderungsübertragung und der Hypothekeneintragung. Durch die Eintragung der Landschaft als Hypothekengläubigerin wurde daher das Grundbuch unrichtig; in Wahrheit wurde der

Beklagte als Eigentümergrundschuldgläubiger auch Gläubiger der an die Stelle der Eigentümergrundschuld getretenen Hypothek. Der Kläger konnte daher die dieser Hypothek zugrunde liegende Forderung des Beklagten mit einer ihm etwa gegen diesen zustehenden Forderung tilgen. Das Berufungsgericht hatte angenommen, daß eine solche Forderung infolge Schuldübergangs auf den F. nicht mehr bestanden habe. Dem trat das Reichsgericht nicht bei. Zwar war durch den unter Bestehenbleiben der Höchstbetragshypothek erteilten Zuschlag an F. die Voraussetzung für eine Schuldübernahme durch F. gegeben; zu ihrem Wirksamwerden wäre aber die Einverständniserklärung des N. als Gläubiger erforderlich gewesen. Aus der Tatsache, daß N. gegen den F. einen Zahlungsbefehl erwirkt und dieser seinen Widerspruch hiegegen zurückgenommen hatte, konnte nicht gefolgert werden, daß ein stillschweigender Schuldübernahmevertrag zwischen ihnen zustande gekommen sei. Der Gläubiger würde hiedurch auf seinen Schuldner verzichtet haben; ein solcher Verzichtwille kann aber, wenn er nicht ausdrücklich erklärt wird, nur dann angenommen werden, wenn sich das aus den Umständen des Falles zweifelsfrei und mit Sicherheit ergibt und die Geschehnisse nicht wohl eine andere Deutung zulassen. Ob das hier zutraf, war nicht genügend dargetan. Rechtsirrig war auch die Ansicht des Berufungsgerichts, eine Mitteilung der Schuldübernahme sei deshalb nicht erforderlich gewesen, da es sich um eine gesetzliche und daher dem Gläubiger bekannte Schuldübernahme gehandelt habe. Die Mitteilung ist keine reine Tathandlung, sondern eine Willenserklärung, die das Zugriffsrecht des Gläubigers nach dem Willen des bisherigen Schuldners oder des Übernehmers erst eröffnen soll. Falls eine Genehmigung stillschweigend erklärt sein sollte, so müßte die schlüssige Handlung, in der eine solche Genehmigung liegen soll, deutlich und zweifelsfrei den Willen des Klägers erkennen lassen, daß er den Beklagten aus der persönlichen Schuld entlassen und für ihn den F. nicht nur als dinglichen, sondern auch als persönlichen Schuldner annehmen wollte. (V, 20. April 1932.)

Amtl. Sammlg. S. 91—96.

Vgl. Bd. 84 S. 11; Bd. 125 S. 100; Bd. 127 S. 358; Bd. 133 S. 204.

21. Anwachsung von Gesellschaftervermögen. Konkursanfechtung. (BGB. § 1976; HGB. § 138; KO. § 73.) Der Bankier H. E. und sein Sohn P. E. waren alleinige Gesellschafter der offenen Handelsgesellschaft H. E. u. Co. Nach dem Tode des H. E. wurde sein Sohn alleiniger Erbe. Über den Nachlaß wurde der Konkurs eröffnet; später wurde auch über das Vermögen des P. E. und das der offenen Handelsgesellschaft Konkurs erklärt. Der Konkursverwalter im Konkurs des P. E. forderte von dem Verwalter der Konkursmasse der offenen Handelsgesellschaft die Herausgabe des Konkurserlöses mit der Begründung, es sei zwischen den Gesellschaftern mündlich vereinbart worden, daß im Falle des Todes des einen Gesellschafters das Geschäft mit allen Aktiven und Passiven auf den Überlebenden übergehen solle. Mit dem Tode des H. E. habe die Gesellschaft aufgehört zu bestehen und daher sei die Konkurseröffnung über ihr Vermögen unzulässig gewesen; das Vermögen gehöre zur Konkursmasse des P. E. Die Klage drang nicht durch. Durch den Tod des H. E. war zwar sein Anteil kraft Gesetzes dem Anteil des Gesellschafters P. E. zugewachsen; die Konkurseröffnung über die Gesellschaftsvermögen war daher an sich unzulässig. Da jedoch der Eröffnungsbeschluß rechtskräftig geworden war, so mußte die Konkurseröffnung für alle Beteiligten als gesetzmäßig erfolgt und daher verbindlich gelten. An einer früheren Entscheidung, wonach es mit Rücksicht auf die weitreichenden Wirkungen rechtlicher und wirtschaftlicher Natur nicht angängig sei, diese öffentlich-rechtliche Maßnahme nachträglich in Frage zu stellen, hielt der erkennende Senat insoweit fest, als er die Geltendmachung der Unzulässigkeit jedenfalls im Prozeßwege für unstatthaft erklärte. Er ließ es dahingestellt, ob der Eröffnungsbeschluß ungeachtet der Rechtskraft wieder aufgehoben oder das Verfahren eingestellt werden konnte; jedenfalls konnte eine solche Entscheidung nur vom Konkursgericht selbst oder von den ihm übergeordneten Gerichten getroffen werden. (IV, 7. März 1932.)

Amtl. Sammlg. S. 97—100.

Vgl. Bd. 65 S. 236; Bd. 68 S. 410; Bd. 129 S. 390.

22. Abtretung künftiger Forderungen. Teilweise Nichtigkeit. Konkurs. Aussonderung. Vermischung. Gute Sit-

ten. **Handelsgebrauch.** (BGB. §§ 138, 139, 398; KO. §§ 31, 43.) Eine Fabrik lieferte an eine Firma laufend Zucker; nach den Vertragsbedingungen behielt sie sich das Eigentum an der Ware bis zur Zahlung vor, gestattete jedoch dem Käufer den Verkauf im angemessenen Geschäftsverkehr. Der Verkaufserlös oder die durch den Verkauf entstandenen Forderungen sollten an die Fabrik übergehen; eine Verpfändung oder Übereignung der Forderungen an Dritte sollte ausgeschlossen sein. Die Käuferin hatte einen Teil der Ware an die Firma O. verkauft; bald darauf fiel sie in Konkurs. Die Firma O. hinterlegte den Kaufpreis; die Klage der Fabrik auf Herausgabe drang durch. Die Zulässigkeit einer stillen Abtretung erst künftig entstehender Forderungen ist in der Rechtsprechung wiederholt anerkannt worden; erforderlich ist hiebei jedoch die Bestimmtheit oder die Bestimmbarkeit des abgetretenen Rechts. Dieser Bestimmbarkeit steht es nicht entgegen, wenn im Zeitpunkt der Abtretungserklärung die Person des Schuldners oder der Inhalt des abgetretenen Anspruchs noch nicht bezeichnet werden kann; es genügt, wenn das im Zeitpunkt des Wirksamwerdens der Abtretung möglich ist. Das trifft zu, wenn ein Anspruch abgetreten wird, der durch Veräußerung einer bestimmten Sache entsteht. Es können sich zwar Schwierigkeiten ergeben, wenn die Sache mit einer gleichartigen vermischt und die Mischung oder Teile derselben verkauft werden oder wenn Gegenstände verschiedener Herkunft zu einem Einheitspreis veräußert werden. Im ersten Fall entsteht dann allerdings eine neue Sache, bei deren Weiterveräußerung die Forderungsabtretung nicht gilt; im zweiten Fall können Bedenken entstehen, ob die Abtretungserklärung sich auf die durch die Gesamtveräußerung entstandene Forderung bezieht. Das schließt aber die Zulässigkeit und Wirksamkeit der Forderungsabtretung insoweit nicht aus, als eine Vermischung oder ein gemeinsamer Verkauf mit anderen Sachen nicht stattgefunden hat. Wenn wegen der Vermischung eines Teils der Ware oder wegen gemeinschaftlicher Veräußerung mit andern Waren ein Anspruch, auf den sich die Abtretung erstreckt, überhaupt nicht zur Entstehung kam, so folgte daraus weder die völlige noch die teilweise Nichtigkeit der Abtretung. Im vorliegenden Fall war die für die Firma O. bestimmte

Teilmenge nie in den Besitz des Gemeinschuldners gekommen, sondern unmittelbar aus der Fabrik der Klägerin an den weiteren Abnehmer gesandt worden. Außerdem wurde der Vertrag so gehandhabt, daß jede Teilmenge, die der Gemeinschuldner abrief, wie ein selbständiger Kauf behandelt wurde. Der Umstand, daß der Anspruch der Klägerin aus den einzelnen Teillieferungen geringer war, als der vom Gemeinschuldner seinem Abkäufer berechnete, schloß eine Bestimmtheit oder Bestimmbarkeit der abgetretenen Forderung nicht aus; nach den Verkaufsbedingungen wurde nicht der Betrag abgetreten, welcher der Klägerin im Verhältnis ihrer Gesamtforderung zu dem weiterveräußerten Teil der Ware zustand, sondern die durch den Weiterverkauf entstandene Forderung ging als solche auf die Klägerin über. Ein Kontokorrentverhältnis war zwischen den Streitsteilen nach den Feststellungen des Berufungsgerichts nicht vorhanden; selbst wenn ein solches bestanden hätte, so wäre die Abtretung solange bestehen geblieben, als der Beklagte der Klägerin aus dem Kontokorrentverhältnis noch etwas schuldete. Die Abtretungsvereinbarung verstieß auch nicht gegen die guten Sitten, da der Eigentumsvorbehalt und die Forderungsabtretung sich nur auf Waren bezogen, die die Klägerin selbst geliefert hatte. Es ist nicht sittenwidrig, wenn eine Fabrik die verkaufte Ware nur gegen Sicherung des Kaufpreises herausgibt und diese Sicherung in der Ware selbst oder einer an ihre Stelle tretenden Forderung sucht. Bei der heutigen Kapitalknappheit und der damit verbundenen Notwendigkeit der Kreditgewährung ist ein derartiges Verfahren zur Aufrechterhaltung des Unternehmens des Verkäufers unentbehrlich und ermöglicht erst dem Zwischenhändler seinen eigenen Betrieb. Es verstößt auch nicht gegen das Anstandsgefühl ehrbarer Geschäftsleute, da sich auch andere Lieferanten eines Zwischenhändlers in der gleichen Weise sichern und dieses Verfahren allgemein bekannt ist. Auch vom Gläubigerstandpunkt aus konnten keine Einwendungen erhoben werden, da bei der Notwendigkeit der Sicherung und ihrer Verbreitung jeder, der einem Kaufmann Kredit gibt, damit rechnen muß, daß Waren, die dem Kreditnehmer von anderer Seite verschafft werden, unter Eigentumsvorbehalt stehen und daß auch die durch den Weiterverkauf entstehenden Forderungen an die Lieferanten abgetreten sind. (II, 8. April 1932.) Amtl. Sammlg. S. 100—106.

Vgl. Bd. 55 S. 334; Bd. 67 S. 166; Bd. 74 S. 78; Bd. 90 S. 273; Bd. 92 S. 105, 238; Bd. 133 S. 234.

23. **Börsentermingeschäft. Kassageschäft. Prämienkauf.** (BörsG. §§ 53, 57, 63.) Eine Maklerfirma erhielt von einem Kunden, der bei ihr seit Jahren Prämiengeschäfte abgeschlossen hatte, den Auftrag, 300 österreichische Montanaktien für ihn fest zu kaufen. Sie klagte gegen den Auftraggeber auf Zahlung des Kaufpreises Zug um Zug gegen die Herausgabe der Aktien. Der Käufer erhob den Differenz- und Spieleinwand. Das Berufungsgericht hatte der Klage stattgegeben; das Reichsgericht verwies die Sache zurück. Die Annahme, daß ein Kassageschäft vorliege, ließ sich nicht halten; nach dem Wortlaut des Kontoauszugs hatte der Beklagte „aus der Prämie" 300 Montanaktien fest übernommen, d. h. effektive Lieferung der Stücke verlangt. Dieser Kauf war kein selbständiges Rechtsgeschäft, sondern ein untrennbarer Teil des ganzen Prämiengeschäftes. Dessen Rechtsnatur ist bestritten; der erkennende Senat schloß sich der Ansicht an, daß es als Kauf mit Rücktrittsvorbehalt gegen Reugeld anzusehen ist. Daß es sich im vorliegenden Fall nicht um ein offizielles Börsentermingeschäft handelte, machte nichts aus; erlaubt war das Geschäft. Da es sich um ausländische Aktien handelte, war eine Genehmigung der Reichsregierung nicht erforderlich. Fraglich war, ob der Beklagte börsenterminsfähig war; das war noch zu prüfen. Bei Verneinung der Frage war weiter zu untersuchen, ob das Geschäft nach § 57 BörsG. verbindlich geworden war oder ob es sich um ein Spiel oder ein Differenzgeschäft handelte. (I, 13. April 1932.)

Amtl. Sammlg. S. 106—108.

Vgl. Bd. 88 S. 91; Bd. 129 S. 206.

24. **Erfüllungsgeschäft zwischen Verwandten. Anfechtung. Gläubigerbegünstigung. Beweislast.** (AnfG. § 3.) Die Witwe H. hatte auf einem ihr gehörigen Grundstück zugunsten ihres Bruders eine Hypothek in Höhe von 8000 *RM* eintragen lassen. Ihr früherer Verlobter, der eine Forderung von 10000 *RM* gegen sie hatte, focht die Hypothekbestellung an und klagte gegen R. auf Duldung der Zwangsvollstreckung in die Hypothek. Das Berufungs-

gericht hatte die Klage abgewiesen; das Reichsgericht verwies die Sache zurück. Nach den Feststellungen des Berufungsgerichts war die Hypothekbestellung keine unentgeltliche Verfügung gewesen, sondern war zur Sicherung eines der H. gewährten Darlehens erfolgt. Hinsichtlich der Beweislast hatte das Berufungsgericht angenommen, an sich habe der Beklagte beweisen müssen, daß ihm die Absicht seiner Schwester, andere Gläubiger zu benachteiligen, nicht bekannt war; da es sich aber hier um ein einfaches Erfüllungsgeschäft gehandelt habe, so könne nach allgemeinen Erfahrungssätzen angenommen werden, daß der Beklagte von einer solchen Absicht keine Kenntnis gehabt habe. In dieser Auffassung lag eine Umkehrung der Beweislast. Auch bei reinen Erfüllungsgeschäften und kongruenter Deckung obliegt in solchem Falle die Beweislast dem Anfechtungsgegner. Die Annahme, daß ein reines Erfüllungsgeschäft unter Verwandten frei von der Absicht einer Gläubigerbenachteiligung sei, kann nur auf Erwägungen tatsächlicher Art gestützt werden, also nur den Sinn eines Erfahrungssatzes haben, aber nie zu einer Umkehrung der Beweislast führen. Der Kläger hatte der H. angeblich kurz vor der Hypothekbestellung geschrieben, daß er sein Geld zurückverlange, wenn es nicht zu einer Heirat komme; war das richtig, so konnte in der Hypothekbestellung zugunsten des Bruders eine Gläubigerbenachteiligung gefunden werden. Es war Sache des Beklagten, diese Annahme zu entkräften. (15. April 1932.)

Amtl. Sammlg. S. 109—111.

Vgl. Bd. 45 S. 23; Bd. 110 S. 354; Bd. 125 S. 250.

25. Zeitungsagent. Agenturvertrag. Stempelabgabe. Befreiung. (PrStStG.TarSt. 18). Ein Zeitungsverlag hatte mit einer Reihe von Personen Agenturübernahmeverträge geschlossen, in denen Vergütungen für das Austragen der Zeitungen, Prämien für Neubezieher und für Inseratenwerbung und Zahl der Freiexemplare festgesetzt waren. Das Finanzamt erhob für jede Vertragsurkunde einen Stempel von 3 *RM*. Die Feststellungsklage des Verlags, daß er zur Zahlung nicht verpflichtet sei, war von den Untergerichten abgewiesen worden; die Revision des Klägers führte zur Zurückverweisung. Das Berufungsgericht hatte die Stempelbefreiung abgelehnt, weil den Agenten neben dem Austragslohn noch Neubezugs-

und Inseratenprämien zugesagt wurden; es hatte hierin die Zusicherung einer weiteren, zu unbestimmten Zeiten wiederkehrenden, nicht genau festgelegten Vergütung erblickt, die ein eigenes Entgelt darstelle. Demgegenüber sah das Reichsgericht auch in diesen Zahlungen nur eine Entlohnung für die Agententätigkeit; sie beruhte nicht auf Vereinbarungen, die neben dem Vertrag über das Zeitungsaustragen eine selbständige Bedeutung hatten, sondern bildete einen Teil der Gesamtvergütung des Agenten und konnte daher nicht anders beurteilt werden, als der Austragslohn. Eine gewisse Werbetätigkeit gehört zu den üblichen Verpflichtungen eines Zeitungsagenten. Durch die Zahlung verdienter Prämien und Provisionen trat nur eine Erhöhung der zu bestimmten Zeiten zu leistenden Gesamtzahlungen der Klägerin ein, durch deren Veränderlichkeit die Anwendung der Befreiungsvorschrift nicht ausgeschlossen wurde. Über die Jahresbeträge der Vergütungen waren Feststellungen noch nicht getroffen; der Umstand, daß diese sich nicht aus den Vertragsurkunden ergaben, stand ihrer Feststellung nicht entgegen, weil es sich hierbei um eine Wertangabe handelte, die nicht zum Inhalt des in der Urkunde verlautbarten Rechtsgeschäfts gehörte. (VII, 15. April 1932.)

Amtl. Sammlg. S. 111—113.
Vgl. Bd. 79 S. 34.

26. **Preußische Eisenbahngesellschaft. Gewerbesteuerpflicht. Enteignung. Entschädigung.** (RVerf. Art. 153; Pr. EisenbahnG. §§ 38, 49; PrGewStVO. vom 23. November 1920.) Eine Gesellschaft, die auf preußischem Gebiet eine genehmigte Eisenbahnlinie unterhielt, wurde zur Gewerbesteuer herangezogen. Die Frage, ob eine Steuerpflicht bestehe, war von den Verwaltungsgerichten bejaht worden. Sie klagte gegen den preußischen Staat auf Zahlung einer Entschädigung für die Belastung mit der Gewerbesteuer. Das Berufungsgericht erklärte die Klage dem Grunde nach für gerechtfertigt; die Revision des Beklagten blieb erfolglos. Die Zulässigkeit des Rechtswegs war bereits in einer früher veröffentlichten Entscheidung bejaht worden, an der das Reichsgericht festhielt. Grundlegend für die Entschädigungspflicht war die Frage, ob die im preußischen Eisenbahngesetz enthaltene Steuerbefreiungsbestimmung sich auch auf gemeindliche Gewerbesteuern erstreckte.

Der Wortlaut des Gesetzes spricht nicht dagegen, da nicht von „der Gewerbesteuer", sondern von „einer Gewerbesteuer" gesprochen wird; auch der Sinn des Gesetzes spricht dafür. Der vom Gesetzgeber verfolgte Zweck, den Bau von Eisenbahnlinien zu fördern, verlangte es, den Unternehmern bestimmte Zusicherungen darüber zu machen, welchen Abgaben die Gesellschaft unterliegen würde. Wenn das Reichsgericht in einer früheren Entscheidung ausgesprochen hat, daß die Bestimmungen des Eisenbahngesetzes nur von staatlichen Abgaben handeln, so war das nicht maßgebend, da im Zeitpunkt dieser Entscheidung die Gemeindegewerbesteuer überhaupt noch nicht bestand. Ob der Gesetzgeber bei Erlaß des Gewerbesteuergesetzes sich darüber klar war, daß die Befreiungsvorschrift des Eisenbahngesetzes noch galt, ist aus der Entstehungsgeschichte des Gesetzes nicht mit Sicherheit zu entnehmen. Die Bestimmung des § 49 schuf unmittelbar anwendbares Recht; die von der Revision vertretene Ansicht, zur Zahlung der Entschädigung sei nur der verpflichtet, dem die Aufhebung der Steuerfreiheit zugute komme — hier also die Gemeinde — wurde vom Reichsgericht nicht gebilligt. Zwar hat ein Gewerbesteuergesetz an sich mit dem Eisenbahnwesen nicht mehr zu tun, als etwa ein Einkommensteuergesetz. Wurde jedoch die Gewerbesteuerfreiheit der Eisenbahn aufgehoben, so bedeutete der die Aufhebung enthaltende Teil des neuen Gesetzes eine Änderung nicht nur der allgemeinen Gesetzgebung, sondern des Eisenbahngesetzes; gerade für diesen Fall aber hat der Staat den Eisenbahngesellschaften eine angemessene Entschädigung zugesichert. Aus dem Wortlaut der Verordnung von 1923 geht nicht hervor, daß der Gesetzgeber mit der Steuerbefreiung auch den Entschädigungsanspruch beseitigen wollte. Selbst wenn ein solcher Wille bestanden hätte, so würde die Verordnung hierin gegen die Reichsverfassung verstoßen. Die Entziehung oder Beschränkung des Entschädigungsanspruches wäre ein Eingriff in die bestehenden Vermögensrechte und damit eine Enteignung im Sinne der Verfassung. Eine solche Enteignung kann nur zum Wohl der Allgemeinheit vorgenommen werden und ist mit einer Entschädigungspflicht verbunden, soweit eine solche nicht ausdrücklich durch Reichsgesetz ausgeschlossen ist. Der Annahme einer Enteignung steht auch die Rechtsmeinung nicht entgegen, welche hiefür einen Einzeleingriff in die Rechte bestimmter Personen oder eines bestimmten beschränkten Personenkreises verlangt; bei den preußischen Eisenbahngesellschaften, die von der Gewerbesteuer befreit waren, handelte es sich um einen solchen bestimmt beschränkten Kreis juristischer Personen. Der beklagte Staat konnte sich auch nicht auf seine Finanzhoheit berufen. Es steht zwar in der Macht des Staates, eine gesetzlich bestimmte Steuerbefreiung ohne Entschädigung aufzuheben; diese Befugnis findet aber eine Grenze in den Fällen, in denen in einem früheren Gesetz eine Entschädigungspflicht festgelegt ist. Durch das ihr verliehene Privileg entstand für die Eisenbahngesellschaft ein aus öffentlich-rechtlicher Grundlage hervorgegangenes subjektives Privatrecht, das seit dem Inkrafttreten der Reichsverfassung unter deren Schutz stand. Eine Enteignung konnte nur gegen angemessene Entschädigung erfolgen; diese konnte auch in Form einer laufenden Rente gewährt werden. Bei ihrer Bemessung war andrerseits zu berücksichtigen, daß möglicherweise die bestehenden Eisenbahnabgaben hätten erhöht werden können und die dauernde Aufhebung dieser Abgabe für die Klägerin einen Vorteil bedeutete. (IX, 10. Februar 1932.)

Amtl. Sammlg. S. 113—125.

Vgl. Bd. 116 S. 271; Bd. 128 S. 171; Bd. 129 S. 144; Bd. 133 S. 125; Entsch. des Staatsgerichtshofs in Bd. 124 Anh. S. 33.

27. **Testament. Errichtungstag. Formvorschrift. Ungültigkeit.** (BGB. § 2231.) Ein Testament wurde mit der Begründung angefochten, daß der Errichter an dem auf den 2. August datierten Testament in der Nacht vom 2. auf den 3. August bis gegen 1/21 Uhr geschrieben habe. Die Klage wurde abgewiesen. Das Berufungsgericht hatte angenommen, daß es selbst bei Unterstellung dieser Möglichkeit doch denkbar war, daß der Errichter das Testament bereits vor 12 Uhr abgeschlossen hatte und später nur noch mit seiner Durchsicht beschäftigt war. Das Reichsgericht trat dem bei und bemerkte darüber hinaus, daß auch eine Überschreitung der Zeit die Nichtigkeit des Testaments nicht zur Folge gehabt hätte. Die Zeitangabe war zwar ungenau, aber nicht unrichtig, da ja die Errichtungshandlung zum Teil auch dem abgelaufenen Tag angehörte.

Eine solche Zeitangabe genügt den vernünftigerweise an ihre Richtigkeit zu stellenden Anforderungen; das Gegenteil würde auf einen die Bedürfnisse des Lebens außer acht lassenden Formalismus hinauslaufen. (IV, 29. Februar 1932.) Amtl. Sammlg. S. 125—127.
Vgl. Bd. 64 S. 423; Bd. 71 S. 302; Bd. 111 S. 262; Bd. 115 S. 112.

28. **Wahlschuld. Vertragsauslegung. Urteilsfassung.** (BGB. §§ 262, 263.) Eine holländische Bank gewährte im Jahre 1913 einer deutschen Firma ein Darlehen von 100000 ℳ; im Vertrag war bestimmt, daß die Zahlungen nach Wahl der Bank entweder in holländischen Gulden oder in deutscher Reichsmark zu leisten seien; für die Vertragsauslegung sollte das deutsche Recht gelten. Im Jahre 1914 kündigte die Bank das Darlehen und versuchte in der Folgezeit wiederholt Zwangsvollstreckung. Im Jahre 1930 wurde ihr auf Antrag eine neue Vollstreckungsklausel in Höhe eines Teilbetrags von 1200 holländischen Gulden erteilt. Dieser wurde auf Einwendung der Schuldnerin für unzulässig erklärt. Sie klagte nunmehr auf Zahlung von 1200 Gulden oder des Betrags, der erforderlich war, um 1200 Gulden anzuschaffen. Die Beklagte erhob Widerklage auf Feststellung, daß die Klägerin keinen Anspruch auf Zahlung in Gulden habe. Das Landgericht hatte der Klage stattgegeben und die Widerklage abgewiesen, während das Kammergericht entgegengesetzt entschied. Die Revision des Beklagten führte zur Zurückverweisung. Das Berufungsgericht hatte die Rückzahlungsbestimmung so ausgelegt, daß sie auch für die Kapitalrückzahlung gelten solle. Diese Auslegung war möglich und nicht zu beanstanden. Dagegen bedurfte die weitere Annahme, es habe sich um eine Wahlschuld gehandelt, noch einer näheren Begründung. Es war möglich, daß diese Vertragsbestimmung als alternative Währungsklausel gedacht war, so daß von vorneherein zwei Leistungen, nämlich nach Wahl der Gläubigerin entweder der Darlehensbetrag in Reichsmark oder ein entsprechender Betrag in Gulden geschuldet sein sollte. Andrerseits war denkbar, daß es sich lediglich um eine Ersetzungsbefugnis des Gläubigers handeln sollte, derart, daß zunächst nur eine Leistung, nämlich ein Betrag von 100000 ℳ geschuldet war, der Bank aber das Recht zustehen sollte, statt der Zahlung des Markbetrags

Zahlung in holländischer Währung zu verlangen. Im letzteren Fall konnte die Bank auch dann Zahlung in Gulden verlangen, wenn sie früher etwa schon Zahlungen in deutscher Währung angenommen hatte. Zu prüfen war ferner, ob nicht die Vorschrift des § 263 BGB. durch Parteivereinbarung ausgeschlossen worden war. Traf das zu, so war festzustellen, ob und in welcher Weise bereits vor Eintritt des Währungsverfalls eine Wahlerklärung der Klägerin abgegeben worden war, daß sie Zahlung in Mark verlange. In der Kündigung allein lag nicht ohne weiteres eine solche Wahlerklärung; ob in dem Betreiben der Zwangsvollstreckung wegen eines Markbetrags eine solche zu finden war, ließ sich nur auf Grund der näheren Umstände beurteilen. Rechtsirrig war die Ansicht, daß eine im Jahre 1914 etwa abgegebene Wahlerklärung gegenstandslos sei, da sie sich auf eine nicht mehr bestehende Währung beziehe. Die frühere Währung ist nicht ersatzlos untergegangen, sondern sie wurde durch die neue Reichswährung ersetzt. Handelte es sich daher um eine Wahlschuld, so unterlag diese Forderung den Wandlungen der deutschen Währung; ob die Klägerin eine Aufwertung verlangen konnte, lag allerdings auf einem anderen Gebiet. Eine Stellungnahme zur Frage der Wahlschuld würde sich dann erübrigen, wenn der Darlehensvertrag in der Weise auszulegen wäre, daß die Bank in der jeweiligen Reichswährung soviel fordern könne, als zur Deckung ihrer Forderung in Guldenwährung nötig war oder daß sie die Berechtigung hatte, für je 100 ℳ 60 holländische Gulden zu verlangen. Hierüber waren Feststellungen noch nicht getroffen. Durch die Bestimmung des Berufungsurteils, wonach die Beklagte hilfsweise verurteilt wurde, den Betrag in Reichswährung zu zahlen, war diese nicht beschwert; im übrigen ist auch bei einem lediglich auf Zahlung in ausländischer Währung lautenden Schuldtitel anzunehmen, daß er nicht auf Verschaffung ausländischer Geldsorten, sondern auf Zahlung eines in ausländischer Währung ausgedrückten Geldbetrages in Reichsmark gerichtet ist. (IV, 17. März 1932.)

Amtl. Sammlg. S. 127—132.

Vgl. Bd. 106 S. 74.

29. **Option. Bedingter Vertrag. Angebot. Vertragsauslegung. Stempelabgabe.** (BGB. § 158; PrStStG. § 3

TarSt. Nr. 7.) Ein Erfinder hatte mit der AEG. einen Vertrag geschlossen, wonach er ihr eine Option auf verschiedene Erfindungen und Schutzrechte auf die Dauer von sechs Monaten einräumte. Die Option wurde nicht ausgeübt. Das Finanzamt verlangte von der AEG. den Stempel für einen bedingten Kaufvertrag; diese vertrat den Standpunkt, es handle sich um ein Vertragsangebot, das sie nicht angenommen habe. Ihre Klage auf Rückzahlung hatte Erfolg. Das Berufungsgericht hatte das Abkommen nicht als festgeschlossenen, sondern lediglich durch die Optionserklärung bedingten Lizenzvertrag behandelt. Das war rechtlich nicht zu beanstanden. Der Ausdruck Option ist mehrdeutig; es kann sich bei ihr entweder darum handeln, daß ein aufschiebend bedingter Vertrag geschlossen wird und der eine Teil durch ein von seinem Willen abhängiges Tun, nicht durch sein bloßes Wollen die Bedingung erfüllt; es kann aber auch dem Optionsberechtigten gegenüber nur ein reines Angebot erklärt sein und von seinem völlig freien Willen abhängen, ob er dieses annimmt oder nicht. Im vorliegenden Fall hatte das Berufungsgericht festgestellt, daß die Klägerin in ihren Entschließungen frei sein wollte und diese nicht vom Ergebnis einer Prüfung abhängig machen brauchte. Bei dieser Sachlage war kein Vertrag — auch kein bedingter — geschlossen; das Zustandekommen hing nicht von einem Tun der Klägerin ab, sondern von deren reinen Willkür. Wer sich nur für den Fall verpflichtet, daß er wollen wird, verpflichtet sich tatsächlich noch nicht. (VII, 15. April 1932.) Amtl. Sammlg. S. 132—135.

Vgl. Bd. 34 S. 302; Bd. 131 S. 24, 310.

30. Darlehensvertrag. Nichtigkeit. Bereicherung. Zinsenanrechnung. (BGB. § 818.) Eine Bank hatte einer Stadtgemeinde Darlehen gewährt, die wegen Verstoßes gegen die maßgebende Städteordnung nichtig waren. Sie forderte die Herausgabe des hingegebenen Geldes und lehnte es ab, sich die gewährten Zinsen anrechnen zu lassen. Die Abzugsfähigkeit der Zinsen wurde vom Berufungsgericht verneint; das Reichsgericht bejahte sie. Das Berufungsgericht hatte in der Zinszahlung einen Ausgleich für gezogene Nutzungen insofern gefunden, als sich das in die städtischen Betriebswerke gesteckte Geld in Höhe der gezahlten Zinsbeträge verzinst hatte. Allein das der Be-

klagten gegebene Geld floß nicht als solches den Werken zu, sondern wurde lediglich zur Bezahlung der Kosten ihrer Herstellung verwandt. Nicht das hingegebene Geld selbst, sondern der mit ihm errichtete Betrieb warf die Nutzungen ab. Auch der Einwand, die Stadt habe Nutzungen von dem empfangenen Geld in Höhe der Vertragszinsen gezogen, da sie sonst anderweitig Geld aufnehmen und dieses hätte verzinsen müssen, war nicht haltbar; ersparte Zinsen sind keine Nutzungen im Sinne des Bürgerlichen Gesetzbuches, auch dann nicht, wenn es Zinsen als Vorteile bezeichnet, welche der Gebrauch einer Sache gewährt. Von einem Ausgleich ersparter Zinsen hätte nur dann die Rede sein können, wenn sich die Bereicherung als Folge der Hingabe des Geldes nicht in dem entsprechenden Vermögenszuwachs erschöpft hätte, sondern wenn zu diesem eine weitere fortschreitende Vermögensvermehrung in Höhe der fortlaufend ersparten Zinsbeträge hinzugetreten wäre. Dieser Gesichtspunkt ist aber dem Bereicherungsrecht des Bürgerlichen Gesetzbuches fremd; Nutzungen sollen nach ihm nur dann herausgegeben werden, wenn sie tatsächlich gezogen wurden. (IV, 21. April 1932.)
Amtl. Sammlg. S. 135—136.

31. **Abzahlungsgeschäft. Wechselhingabe. Nichtigkeit.** (AbzG. §§ 1, 4; WO. Art. 82). Eine Firma verkaufte einen Schallplattenautomaten gegen Wechsel; der Käufer verpflichtete sich von drei zu drei Monaten die Einnahme des Apparates abzuliefern und der Firma gleichzeitig über den jeweils ungetilgten Restpreis ein Verlängerungsakzept zu übersenden. Bei Nichteinhaltung einer dieser Verpflichtungen sollte der volle Kaufpreisrest sofort fällig sein. Die Firma gab den Wechsel an eine Gesellschaft weiter; diese ließ ihn bei Verfall mangels Zahlung protestieren. Das Landgericht gab der Klage auf Zahlung statt; die unmittelbar eingelegte Revision des Beklagten führte zur Klagabweisung. Das der Klage zugrunde liegende Geschäft war ein Kaufvertrag, dessen Inhalt die Veräußerung des Instruments gegen Abzahlung unter Eigentumsvorbehalt war. Der Tatsache des Abzahlungsgeschäftes stand die Wechselhingabe nicht im Wege, da sie zahlungshalber geschehen war. Die Kaufpreisforderung der Verkäuferin war dadurch nicht erloschen, daß sie den Wechsel weitergab und dafür den Gegenwert erhielt, wenn

der Wechsel zu Protest ging und sie damit als Ausstellerin regreßpflichtig wurde. Die Wechselhingabe änderte auch nichts an der Vereinbarung, daß die Tilgung des Kaufpreisrestes aus den Einnahmen des Instruments zu erfolgen habe. Diese Vereinbarung war eine Abzahlungsverpflichtung im Sinne des Abzahlungsgesetzes. Die Einnahmen wurden nicht von vorneherein Eigentum der Verkäuferin, sondern gingen zunächst in das Eigentum des Beklagten über. Lag ein Abzahlungsgeschäft vor, so konnte eine kassatorische Klausel nur unter der Voraussetzung getroffen werden, daß der Käufer mit mindestens zwei aufeinanderfolgenden Raten von insgesamt $^1/_{10}$ des Kaufpreises im Rückstand war. Die Kaufpreissumme war hier naturgemäß dem Betrag nach auf eine allmähliche Tilgung zugeschnitten und deshalb höher, als ein Barkaufpreis. Durch den Besitz des Wechsels erlangte die Verkäuferin die Möglichkeit, bei seinem Verfall die gesamte Forderung in voller Höhe unter Entziehung der für die Bemessung der Kaufsumme maßgebenden Kreditgewährung vorzeitig auf einmal im Wechselverfahren geltend zu machen, ohne dabei andere als rein wechselmäßige Voraussetzungen ihres Anspruches dartun zu müssen. Der Beklagte hatte demgegenüber nachzuweisen, daß er seinen Vertragspflichten nachgekommen sei, also nicht nur den Verlängerungswechsel pünktlich eingesandt, sondern auch die volle Vierteljahreseinnahme des Instrumentes abgeliefert habe. Der letztere Beweis würde ihm aber im Wechselprozeß meist unmöglich sein. Die den Schutz des Käufers bezweckende Regelung des Abzahlungsgesetzes würde hiedurch in das Gegenteil verkehrt; es muß daher bei der für den Käufer vorliegenden hohen Gefährlichkeit des Abzahlungsgeschäftes daran festgehalten werden, daß dem Verkäufer die Vorteile der Verfallklausel nur dann zukommen, wenn die im Abzahlungsgesetz bestimmten und von ihm zu beweisenden Voraussetzungen gegeben sind. Im vorliegenden Fall war daher sowohl die Verfallklausel wie auch die Akzeptverabredung nichtig. Dadurch wurde der Vertrag als solcher nicht nichtig; lediglich traten an die Stelle seiner nichtigen Teile die Vorschriften des Abzahlungsgesetzes. Da die Verkäuferin bei einer solchen Vertragsgestaltung nicht nachweisen konnte, wann der Käufer mit $^1/_{10}$ des Kaufpreises im Rückstand war, so mußte sie den Zahlungsbedingungen eine andere Fassung geben, die eine Klarstellung des Sachverhalts ermöglichten. Die gegen die Verkäuferin möglichen Einreden griffen der Klägerin gegenüber auch dann durch, wenn die dem Wechselakzept zugrunde liegende Kaufpreisforderung nicht an sie abgetreten sein sollte. Die Verkäuferin hatte alle aus ihren Abzahlungsverträgen erlangten Wechsel an die Klägerin laufend weitergegeben, da ihr von dieser durch Diskontierung der Wechsel die Mittel zum Betrieb des Abzahlungsgeschäftes verschafft wurden. Die Klägerin war daher an dem Betrieb der Verkäuferin beteiligt und das zwischen dieser und dem Beklagten geschlossene Geschäft war in Wirklichkeit ein gemeinsames Geschäft der Klägerin und der Verkäuferin. (II, 22. April 1932.)

Amtl. Sammlg. S. 137—141.

Vgl. Bd. 64 S. 92; Bd. 83 S. 97.

32. Ehescheidung in Rußland. Internationales Privatrecht. (BGB. §§ 1326, 1564; EG. z. BGB. Art. 13; ZPO. §§ 328, 629, 632.) Ein Deutscher hatte mit einer Russin in Rußland im Jahre 1918 die Ehe geschlossen; die Ehe wurde im Jahre 1924 vor einem russischen Standesbeamten geschieden. Im Jahre 1925 ging er in Rußland eine neue Ehe ein; später zogen die Eheleute nach Deutschland. Im Jahre 1929 klagte die Ehefrau auf Nichtigkeit der Ehe, da die erste Ehe nicht rechtswirksam geschieden worden sei. Die Klage drang in allen Rechtszügen durch. Das Berufungsgericht hatte entschieden, daß die zwischen einem Deutschen und einer Russin in Rußland geschlossene Ehe nur dann gültig sei, wenn eine solche Gültigkeit auch nach deutschem Recht vorhanden ist. Diese Auffassung wurde vom Reichsgericht gebilligt. Die Absicht des Gesetzgebers war, für die Frage, ob eine Ehe nichtig ist oder nicht, eine erschöpfende Würdigung aller Tatumstände herbeizuführen. Damit stünde es in Widerspruch, wenn man eine Beschränkung des Vorbringens der Ehegatten auf solche Gründe zulassen wollte, die nach dem Heimatrecht eines jeden von diesen die Nichtigkeit oder Anfechtbarkeit der Ehe rechtfertigen konnten. Die Klarstellung aller in Betracht kommenden Umstände lag auch im Interesse der Ehegatten selbst; eine Beschränkung des nichtdeutschen Ehegatten in seinem Vorbringen würde auch den deutschen Eheteil benachteiligen. Die Gegenmeinung würde zur An-

nahme einer relativen Ehenichtigkeit führen, die dem deutschen Recht fremd ist. Das Berufungsgericht hatte die Rechtsgültigkeit der ersten Ehe des Beklagten bejaht; hiegegen hatte die Revision nichts eingewendet. Die Gültigkeit der Ehescheidung war vom Berufungsgericht verneint worden, da es sich nicht um eine von einem Gericht ausgesprochene Ehescheidung gehandelt habe. Hiegegen kämpfte die Revision ohne Erfolg an. Die Ehe war im beiderseitigen Einverständnis durch Erklärung vor dem russischen Standesbeamten geschieden worden. Diese Scheidung konnte in Deutschland keine Anerkennung finden. Da der Beklagte zur Zeit der Ehescheidung deutscher Reichsangehöriger war, war deutsches Recht anzuwenden. Nach diesem ist eine Ehescheidung aber nur durch Urteil möglich, d. h. durch die Entscheidung einer richterlichen Behörde, die auf Grund des ihr unterbreiteten Sachverhalts in der Weise ergeht, daß die Behörde für den Ausspruch der Scheidung ihrerseits die Verantwortung übernimmt. Diesem Erfordernis genügte die Scheidung des Beklagten nicht; der russische Standesbeamte war nur zur Entgegennahme der auf Scheidung gerichteten Erklärung der Eheleute und deren Eintragung in die standesamtlichen Akten tätig gewesen, ohne den Sachverhalt zu prüfen oder einen Ausspruch zu tun, der eine Entscheidung enthielt, und dafür eine Verantwortung zu übernehmen. Die erste Ehe des Beklagten bestand daher noch zu Recht weiter und die Klägerin war befugt, ihre Ehenichtigkeitsklage vor dem deutschen Gericht geltend zu machen. (VII, 22. April 1932.) Amtl. Sammlg. S. 142—147.
Vgl. Bd. 78 S. 234; Bd. 121 S. 24.

33. Erbfolge. Vorwegnahme. Grundbuch. Öffentlicher Glaube. (BGB. §§ 419, 892.) Eine Vorkriegshypothek war im Januar 1923 gelöscht worden. Die Grundstückseigentümerin starb und wurde von ihrem Ehemann beerbt; dieser übertrug das Grundstück auf seinen Sohn, der im Juni 1925 als Eigentümer im Grundbuch eingetragen wurde. Die Aufwertungsklage gegen den Vater als persönlichen und den Sohn als binglichen Schuldner drang in allen Rechtszügen durch. Der Sohn konnte sich nicht auf den guten Glauben des Grundbuchs berufen; wie das Berufungsgericht mit Recht ausgeführt hatte, lag in der Grundstücksübertragung eine Vorwegnahme der Erbfolge und der Auseinandersetzung unter den Erben. Es machte hiebei keinen Unterschied, ob die Erbfolgeregelung das gesamte Vermögen des Erblassers oder nur einen Bruchteil ergriff. Der Erbe, der auf Grund eines Auseinandersetzungsvertrags ein Grundstück erwirbt, kann den Schutz des § 892 BGB. nicht beanspruchen, da kein schutzbedürftiger Erwerb im Sinne dieser Gesetzesbestimmung vorliegt. Ebensowenig kann dieser Schutz einem Erwerber zugebilligt werden, der eine ihm günstige Vorwegnahme des später zu erwartenden Erbgangs mit nachfolgender Erbauseinandersetzung in einer Geschäftsgestaltung genießt, die das unter Lebenden geschlossene Geschäft einem späteren Erbgang gleichwertig und gleichbedeutend erscheinen läßt. In einem solchen Fall tritt kein Erwerber neu hinzu, der dem Gegenstand des Rechtsgeschäfts bisher fern gestanden und deshalb auf die Richtigkeit des Grundbuches angewiesen war. Es wird zwar nicht jede von den Eltern auf die Kinder zu Lebzeiten erfolgende Grundstücksübertragung des Schutzes des § 892 BGB. entkleidet; dies tritt nur dann ein, wenn es sich um eine Vorwegnahme der Erbfolge handelt. Die dingliche Belastung bedeutete für den Sohn auch keine unbillige Härte, es stand ihm frei, sich vor der Aufwertungsstelle bei der Entscheidung über die Höhe der Aufwertung auf die Härteklausel zu berufen und möglicherweise auch der Erbmasse gegenüber nach dem Tode des Vaters eine Herabminderung der zu leistenden Zahlungen vorzunehmen. (V, 23. April 1932.) Amtl. Sammlg. S. 148—152.

Vgl. Bd. 123 S. 52; Bd. 129 S. 119.

34. **Konkursanfechtung. Sanierungshonorar. Treuhandbezüge.** (KO. §§ 30, 33, 55.) Eine Firma geriet im Frühjahr 1929 in Zahlungsschwierigkeiten und beauftragte eine Treuhandgesellschaft mit ihrer Sanierung. Diese stellte im Juli einen Status auf, der Überschuldung ergab; in einer Gläubigerversammlung im Juli wurde beschlossen, das gesamte Vermögen der Firma auf die Treuhandgesellschaft zu übertragen. Diese führte die Geschäfte der Firma weiter; die Tätigkeit führte jedoch nicht zum Erfolg, so daß ihr Auftrag im Oktober beendet wurde. Für ihre Tätigkeit hatte sie insgesamt 11000 *RM* erhalten, von denen 6000 *RM* von den Gläubigern bewilligt worden waren; den Rest behielt sie bei der Vermögensabrech-

nung ein. Im Februar 1930 geriet die Firma in Konkurs. Die Klage des Konkursverwalters auf Rückzahlung der 11 000 *RM* drang vor den Untergerichten durch; die Revision der Treuhandgesellschaft führte zur Zurückverweisung. Daß seit dem Juli 1929 eine Zahlungseinstellung der Firma vorlag, war vom Berufungsgericht einwandfrei festgestellt worden; spätere Zahlungen wurden lediglich für Löhne und Steuern geleistet. Auch eine Stundung durch die Gläubiger war nicht erfolgt. Wenn der Konkurs auch erst mehrere Monate später eröffnet wurde, so war er doch eine Folge der damaligen Zahlungseinstellung. Die Revision hatte eingewendet, daß ein auf Bemühungen um die Abwendung des Konkurses gerichteter Dienstvertrag, der die Billigung der großen Mehrzahl der Gläubiger gefunden habe, sowie seine Erfüllung durch Honorarzahlung und Auslagenersatz nicht als Gläubigerbenachteiligung angesehen werden könne. Dem trat das Reichsgericht nicht bei. Ob ein Sanierungsversuch zum Ziel führt, ist stets unsicher; es läßt sich daher nicht sagen, daß er tatsächlich dem gemeinsamen Wohl der Gläubiger förderlich ist. Auf alle Fälle vermindern Zahlungen an den Treuhänder das Vermögen des Schuldners, so daß durch sie, falls es zum Konkurs kommt, die Konkursmasse geschmälert wird und damit die Gläubiger benachteiligt werden. Eine Anfechtung solcher Zahlungen ist jedenfalls dann nicht ausgeschlossen, wenn nicht alle Gläubiger dem Sanierungsauftrag zugestimmt haben. Auch der weitere Einwand der Revision, es habe sich nicht um Zahlungen zur Befriedigung eines Konkursgläubigers, sondern um Barzahlungen gehandelt, war nicht stichhaltig. Maßgebend für das Verhältnis der Beklagten zur Gemeinschuldnerin war die Vereinbarung vom Juli 1929; auf Grund dieser Vereinbarung hatte die Beklagte bereits die Stellung einer Konkursgläubigerin erlangt, wenn ihr auch dadurch einstweilen nur ein bedingter Anspruch auf Honorarzahlung und Aufwandsersatz gemäß ihren Leistungen und Ausgaben zustand. Die Zahlung von 5000 *RM* war daher keine Vorschußzahlung, sondern eine Zahlung für bereits geleistete Arbeit als Teilzahlung auf Grund ihrer Gesamtforderungen. Zwar verliert ein Rechtsgeschäft seinen Charakter als Bargeschäft nach dem Willen der Vertragschließenden dann nicht, wenn zwischen Vertragsschluß und

Zahlung nur eine kurze Zeitspanne liegt; die hier in Mitte liegenden Zeiträume von mehreren Monaten schlossen eine solche Annahme aus. Es würde auch dann kein Bargeschäft vorgelegen haben, wenn die Beklagte den Auftrag nur unter der aufschiebenden Bedingung der Vorauszahlung angenommen hätte. Auch durch die unbeschränkte Vermögensübertragung erhielt die Beklagte keine Vorauszahlung, da diese zur Sicherung und Befriedigung der Gläubiger geschah und dem Sachverhalt nicht zu entnehmen war, daß die Beteiligten damit eine solche Vorauszahlung wollten. Zu prüfen war jedoch, ob nicht mit dieser Übertragung auch eine Sicherung der Beklagten wegen ihrer Ansprüche auf Vergütung und Auslagenersatz beabsichtigt war. Traf das zu, so hatte die Beklagte im Konkurs ein Aussonderungsrecht in Höhe ihrer berechtigten Ansprüche, und die Zahlungen konnten nicht angefochten werden. Es war ferner zu prüfen, ob die Beklagte, wenn sie die Zahlungen nicht erhalten hätte, nicht ein Aufrechnungsrecht gegenüber dem Anspruch auf Zurückübertragung der Vermögenswerte hätte geltend machen können und ob nicht eine gleiche Möglichkeit auch noch nach der Konkurseröffnung bestand. Der Anspruch gegen die Beklagte auf Rückübertragung der übereigneten Vermögenswerte war kein einheitlicher Anspruch, sondern setzte sich aus einzelnen Ansprüchen zusammen, so daß eine Gleichartigkeit der Ansprüche bestand, die eine Aufrechnung nicht ausschloß. (VII, 26. April 1932.)

Amtl. Sammlg. S. 152—161.

Vgl. Bd. 114 S. 208; Bd. 127 S. 61.

35. Räumungsklage. Rechtskraft. (ZPO. § 322.) Ein Ehemann bestellte seiner Frau an einem Haus ein dingliches Wohnungsrecht, das mit seinem Tode beginnen sollte. Das Haus wurde an eine Gesellschaft verkauft; der Ehemann bezog eine andere Wohnung, während die Ehefrau in dem Hause wohnen blieb, ohne dafür eine Vergütung zu zahlen. Die Klage der Gesellschaft auf Räumung wurde vom Landgericht abgewiesen, da das Gericht annahm, daß der Ehemann seiner Frau mündlich ein auch vor seinem Tode wirksames persönliches Wohnungsrecht eingeräumt habe; das Urteil wurde rechtskräftig. Die Klage auf Zahlung einer Vergütung für die Wohnungsbenutzung war vom Landgericht abgewiesen worden; das Berufungsgericht gab ihr statt. Die Revision der Beklagten führte zur Wiederherstellung des landgerichtlichen Urteils. Das Landgericht hatte sich zu Feststellungen, die von denen des rechtskräftigen Urteils in der Räumungssache abwichen, für berechtigt gehalten, da es sich hier um einen anderen Anspruch handle. Das war rechtsirrig. Die in § 322 ZPO. ausgesprochene Bindung soll verhindern, daß über eine aus demselben Tatbestand zwischen den gleichen Parteien abgeleitete Rechtsfolge anders entschieden wird, als das in dem vorhergehenden rechtskräftigen Urteil der Fall war. In diesem Urteil war entschieden worden, daß der Kläger die Räumung der Wohnung nicht verlangen könne; daraus folgte, daß er zum Besitz der Wohnung nicht berechtigt war. Dadurch wurde ohne weiteres eine der Voraussetzungen der ungerechtfertigten Bereicherung ausgeschlossen, da niemand einen Bereicherungsanspruch wegen Nichtherausgabe hat, wenn ihm ein Herausgabeanspruch nicht zusteht. (VIII, 2. Februar 1932.) Amtl. Sammlg. S. 162—165.

Vgl. Bd. 50 S. 417.

36. Mietwucher. Gestehungskosten. Nutzungswert. (MietSchG. § 49 a). Ein Verein hatte ein Gasthaus für eine Jahresmiete von 15500 *RM* an einen Gastwirt verpachtet. Nach Ablauf des Pachtvertrags klagte er gegen den Pächter auf Zahlung der rückständigen Pachtzinsen; dieser machte den Einwand des Mietwuchers geltend. Das Berufungsgericht hatte die Klage abgewiesen; das Reichsgericht wies die Sache zurück. Der Kläger hatte geltend gemacht, daß die mit dem Beklagten vereinbarten, unstreitig hohen Pachtzinsen durch die Gestehungs- und Steuerkosten des Grundstücks bestimmt worden seien. Das Berufungsgericht hatte das zwar berücksichtigt, sein Urteil jedoch darauf abgestellt, daß die Steuern nicht berücksichtigt werden könnten, da sie in letzter Reihe vom Wert des Hauses abhingen und dieser wieder vom Ertrag. Das war rechtlich nicht überzeugend. Das Vorbringen des Klägers, ein nach andern Maßstäben berechneter Pachtzins lasse ihm weder einen Verdienst noch decke er seine eigenen Kosten, durfte trotz des grundsätzlichen Vorrangs des objektiven Nutzungswertes vor den Gestehungskosten nicht unberücksichtigt bleiben. Eine Gestehungskostenrechnung, in der dargetan ist, daß der wirtschaftlich denkende Verpächter bei einer durch Schätzung des objektiven Nutzungswertes gefundenen angemessenen Miete nicht einmal seine eigenen Kosten deckt, ist in jedem Fall geeignet, die Nachprüfung jener Schätzung anzuregen. Das gilt besonders dann, wenn der Nutzungswert, wie im vorliegenden Fall, hauptsächlich auf Grund von Schätzungen gewonnen worden ist, die in allem wesentlichen die Interessenlage des Pächters, dessen Gewinn und Auskommen ins Auge fassen. Nach den bisher getroffenen Feststellungen waren vermeidbare Aufwendungen bei den Lasten, besonders den Steuerlasten, nicht gemacht worden. Zu prüfen war auch, in welchem Maße der Kläger eine Verzinsung des Grundstückswertes abzüglich des in den Hypotheken steckenden Fremdgeldes in Rechnung stellen durfte und in welchem Grade, über die Deckung der Selbstkosten hinaus, die Darlegung der Gestehungskosten geeignet war, das aus dem objektiven Nutzungswert gefundene Ergebnis zu berichtigen. (VIII, 18. April 1932.)

Amtl. Sammlg. S. 165—169.

Vgl. Bd. 120 S. 130; Bd. 122 S. 183; Bd. 134 S. 99; StS. Bd. 61 S. 130; Bd. 62 S. 228; Bd. 63 S. 415.

37. **Goldwertklausel. Goldmünzklausel. Vertragsauslegung.** (BGB. § 1115.) Bei einer im Jahre 1896 eingetragenen Darlehenshypothek von 160000 ℳ war im Grundbuch vermerkt worden, daß der Schuldner Kapital und Zinsen in deutschen Goldmünzen zu bezahlen habe. Im Jahre 1917 wurde der Zinsfuß erhöht und vereinbart, daß Kapital und Zinsen in Gold deutscher Reichswährung zurückzuzahlen seien. Die Gläubigerin verlangte eine Aufwertung auf 160000 GM, während der dingliche und persönliche Schuldner nur eine solche von 40000 GM gewähren wollten. Die Untergerichte hatten den Klaganspruch dem Grunde nach für gerechtfertigt gehalten; die Revision der Beklagten führte zur Abweisung der Klage. Das Berufungsgericht hatte die erste Goldklausel mit Recht als eine typische Goldmünzklausel ausgelegt. Diese wurde durch die Bundesratsverordnung von 1914 unverbindlich. Das stand der Vereinbarung der neuen Goldklausel und ihrer Grundbucheintragung nicht entgegen; ob sie eine (eintragungsfähige) Goldwertklausel darstellte oder als (eintragungsfähige) Goldmünzklausel anzusehen war, konnte nur auf dem Weg der Vertragsaus-

legung entschieden werden. Das Reichsgericht hat bei Würdigung von Goldklauseln ständig betont, daß bei ihrer Auslegung die Interessen beider Teile gleichmäßig berücksichtigt werden müssen und daß die Annahme einer Goldwertklausel nur dann gerechtfertigt sei, wenn der Wille des Gläubigers, sie zu vereinbaren, deutlich in Erscheinung getreten und auch vom Schuldner erkannt und angenommen worden sei. Das war hier nicht geschehen. Die Klägerin hatte noch im Jahre 1923 in einem Schreiben lediglich von einer Erneuerung der Goldklausel gesprochen, ohne daß darin der Gedanke zum Ausdruck kam, daß darüber hinaus eine Erweiterung oder Verstärkung beabsichtigt war. Erst in einem Schreiben im Jahre 1925 war darauf ergänzend hingewiesen. Dafür, daß die Schuldner einen etwa so gerichteten Willen der Gläubigerin erkannt hätten, fehlte jeder Anhaltspunkt; sie konnten nur annehmen, daß durch die neue Klausel keine Einschränkung ihrer Haftung erfolgen würde. Auch die Tatsache der Eintragung der neuen Klausel im Grundbuch sprach bei der im Rechtsverkehr bekannten Nichteintragungsfähigkeit von Goldwertklauseln zugunsten einer Goldmünzklausel, zumal bei der Wahl ihrer Fassung ein rechtskundiger Notar mitgewirkt hatte. Wenn dieser wie das Grundbuchamt die Klausel in diesem Sinne auffaßten, so sprach auch das dafür, daß ein innerer Wille der Gläubigerin, sich eine Goldwertklausel auszubedingen, deutlich erkennbar nicht erklärt wurde. (V, 30. April 1932.)

Amtl. Sammlg. S. 169—178.
Vgl. Bd. 50 S. 145; Bd. 101 S. 141; Bd. 103 S. 384;
Vgl. Bd. 107 S. 370, 400; Bd. 108 S. 176; Bd. 121 S. 110;
Bd. 131 S. 78.

38. **Kreditbürgschaft. Laufende Rechnung. Vertragsergänzung.** (BGB. §§ 355, 356; BGB. §§ 366, 767.) Eine Bank hatte einem Kunden Kredit bis zur Höhe von 12000 *RM* eingeräumt; für alle Forderungen, die der Bank aus dieser Geschäftsverbindung erwachsen waren und in Zukunft noch erwüchsen, hatte S. die Bürgschaft übernommen. Mit der Behauptung, der Kredit sei abgedeckt, klagte er auf Feststellung, daß der Bank gegen ihn keine Forderungen mehr zustünden, und auf Herausgabe der Bürgschaftsurkunde. Die Bank erhob Widerklage auf Zahlung von 17000 *RM*. Das Berufungsgericht gab der

Klage statt; die Revision der Beklagten führte zur Zurückverweisung. Die Bank hatte in regelmäßigen Zeitabschnitten aus den einzelnen Kredit- und Gegenleistungen ein Gesamtergebnis gebildet, das verzinst und dem Hauptschuldner zur Kenntnis gebracht wurde. Die Annahme des Berufungsgerichts, die Aufnahme der verbürgten Kredite in die laufende Rechnung habe dem Willen der Hauptparteien entsprochen, war nicht zu beanstanden. Wollte der Bürge eine solche Rechtsgestaltung ausschließen, so mußte er durch den Inhalt der Bürgschaftsverpflichtung zum Ausdruck bringen, daß er für eine durch Kontokorrentabrede gebundene Forderung nicht bürgen wollte. Die Forderungen, für die Bürgschaft geleistet war, waren nicht selbständig geblieben, sondern in laufende Rechnung aufgenommen worden; die Unkenntnis des Bürgen war bedeutungslos. Der Bürgschaftsvertrag konnte auch nicht im Wege der Rechtsauslegung dahin gedeutet werden, daß zunächst die verbürgten Kredite abzugleichen waren. Eine Bürgschaftsverpflichtung für einen einzuräumenden Kredit kann in doppelter Weise übernommen werden: entweder durch die Beschränkung auf einen bestimmten Betrag, während der Kredit nur seinem Mindestbetrag nach bestimmt ist, oder durch die Verbürgung einer bestimmten Kreditsumme, die nicht überstiegen werden darf. Ob der letztere Fall hier vorlag, war aus der Bürgschaftsurkunde nicht zu entnehmen. Sollten durch die Leistungen des Hauptschuldners in erster Linie die verbürgten Kredite abgeglichen werden, so war das im Bürgschaftsvertrag zum Ausdruck zu bringen; jedenfalls setzte eine derartige Beschränkung der Bürgschaft eine ausdrücklich oder stillschweigende Vereinbarung zwischen dem Bürgen und dem Gläubiger voraus. War eine solche nicht getroffen, so war der Gläubiger nicht daran gehindert, die Leistungen des Hauptschuldners so zu buchen, wie es im Rahmen einer laufenden Rechnung üblich ist. Man konnte hier nicht von einer Vertragslücke sprechen, deren Ausfüllung dem Tatrichter möglich war; die Vertragsergänzung darf nicht zu einer Erweiterung des Vertragstatbestandes selbst führen, sondern sie kann nur eintreten, wenn es sich um einen Punkt handelt, der der Regelung bedarf, und die Ergänzung muß im Vertragsinhalt ihre Stütze finden. Es war daher zu prüfen, ob aus den ganzen Umständen des Falles auf eine Beschränkung des Verbürgungswillens des Klägers geschlossen werden konnte; war das nicht der Fall, so war weiter zu untersuchen, ob die Beklagte arglistig oder wider Treu und Glauben in dem Kläger die Vermutung erweckt hatte, sie werde dem Hauptschuldner nur die verbürgten Kredite geben oder werde die Leistungen des Hauptschuldners in erster Linie auf die verbürgten Kredite verrechnen. (VIII, 18. April 1932.)

Amtl. Sammlg. S. 178—185.

Vgl. Bd. 76 S. 195; Bd. 87 S. 211; Bd. 92 S. 318, 417.

39. Gesellschaft mit beschränkter Haftung. Satzungsänderung. Gesellschafterbeschlüsse. Stillschweigende Zustimmung. Rechtsfolgen. (GmbHG. § 53.) In der Satzung einer G.m.b.H. war bestimmt, daß die Dauer der Gesellschaft, falls nicht bis zum 1. Januar 1912 eine Kündigung erfolge, bis zum 1. Mai 1930 verlängert sein solle. Durch einen Beschluß der Gesellschaftversammlung vom 31. Januar 1922 wurde die Dauer der Gesellschaft bis zum 1. Mai 1930 festgesetzt. Im Jahre 1925 wurde von den Gesellschaftern, soweit sie anwesend waren, einstimmig beschlossen, die Satzung dahin abzuändern, daß die Dauer der Gesellschaft auf eine bestimmte Zeit nicht beschränkt sei. Alle Beschlüsse wurden im Handelsregister eingetragen. Ein Gesellschafter klagte auf Anmeldung der Auflösung zum Handelsregister zum 1. Mai 1930, sowie auf Rechnungslegung und Auszahlung des Liquidationserlöses; er begründete die Klage damit, daß sein Vater, der ihm seine Anteile abgetreten hatte, von dem letzten Beschluß keine Kenntnis gehabt und er selbst erst kurz vor der Klagerhebung davon erfahren habe. Die Untergerichte hatten die Klage abgewiesen; die Revision des Klägers führte zur Zurückverweisung. Es handelte sich um eine Gesellschaft mit Sonderleistungspflichten; eine Erstreckung dieser Pflichten auf unbestimmte Zeit bedeutete deren Erweiterung und Vermehrung, so daß hiezu die Zustimmung aller Beteiligten erforderlich war. Diese Zustimmung konnte allerdings von den nicht vertretenen Gesellschaftern auch nachträglich erteilt werden; sie bedurfte keiner besonderen Form, sondern konnte auch durch schlüssige Handlungen zum Ausdruck kommen. Dem widersprach auch die Satzung nicht. Zwar konnte daraus eine längere Unsicherheit entstehen, ob die Beschlüsse wirksam waren oder

nicht; die Gesellschaft hatte es aber in der Hand, diese Unsicherheit durch Aufforderung zur Stellungnahme innerhalb bestimmter Frist abzukürzen. Von dieser sachlichrechtlichen Frage ist die formalrechtliche Frage zu trennen, ob der Registerrichter die Eintragung solcher Beschlüsse von der Zustimmung der beteiligten Gesellschafter in öffentlich beglaubigter Form abhängig machen kann; das ist zu bejahen. Wird von einem Gesellschafter die Zustimmung endgültig verweigert, so kann möglicherweise die Wirkung eintreten, daß der Beschluß damit noch nicht ungültig wird, sondern nur die zustimmenden Gesellschafter bindet. Das kann aber nur für den Fall gelten, daß den Rechten und Belangen der nicht zustimmenden Gesellschafter durch eine so beschränkte Wirksamkeit des Beschlusses kein Eintrag geschieht und daß eine solche Teilwirksamkeit nicht in ihre gesetzlichen und satzungsgemäßen Rechte eingreift. Der vorliegende Beschluß griff aber in das Sonderrecht jedes Gesellschafters auf Liquidation und Auskehrung der entsprechenden Quote nach satzungsgemäßer Dauer ein. Das war besonders deshalb von Bedeutung, weil auch die nicht zustimmenden Gesellschafter im Außenverhältnis die Verbindlichkeiten der Gesellschaft gegen sich gelten lassen mußten, die nach Ablauf der satzungsgemäßen Dauer aus der Weiterführung des Unternehmens entstanden. Das Berufungsgericht hatte angenommen, daß ein einstimmiger Beschluß der anwesenden Gesellschafter auch für den Fall des Ausscheidens einiger Mitglieder sinnvoll und gewollt gewesen sei; die nicht zustimmenden Mitglieder hätten nur einen Anspruch auf Auskehrung des Liquidationserlöses, nicht aber auf Löschung der Gesellschaft. Diese Auffassung war rechtsirrig; sie lief auf eine zwangsweise entgeltliche Einziehung der Geschäftsanteile der nicht zustimmenden Gesellschafter hinaus, was in der Satzung nicht vorgesehen war. (II, 29. April 1932.) Amtl. Sammlg. S. 186—192.
Vgl. Bd. 81 S. 68; Bd. 87 S. 261.

40. Wechselansprüche. Verjährungsbeginn. Verjährungsunterbrechung. Ruhen des Verfahrens. Sperrfrist. (BGB. §§ 202, 211, 225; ZPO. §§ 251, 251 a.) In einem Wechselrückgriffsprozeß war im Verhandlungstermin am 21. März 1929 der Beklagte nicht vertreten. Das Gericht ordnete auf Antrag des Klägers das Ruhen des Verfahrens an. Im Dezember 1930 wurde ein neuer Termin beantragt; der Beklagte wandte nunmehr Verjährung ein. Die Klage wurde in allen Rechtszügen abgewiesen. Durch die Klageerhebung war die Verjährung der Wechselregreßansprüche unterbrochen worden; die Anordnung der Verfahrensruhe setzte aber dieser Unterbrechung ein Ziel. Die Anspruchsverjährung dient dem öffentlichen Interesse; sie soll durch Rechtsgeschäft weder ausgeschlossen noch erschwert werden. Dieser Erfolg soll auch nicht dadurch erreicht werden können, daß ein Prozeß zwar begonnen, dann aber liegen gelassen wird. Gleichgültig ist, ob der Stillstand des Prozesses durch die Untätigkeit der Parteien oder durch einen auf dieser Untätigkeit beruhenden Gerichtsbeschluß herbeigeführt wird. War demzufolge durch den Gerichtsbeschluß die Verjährungsunterbrechung beendet, so begann deshalb die neue Wechselverjährungsfrist noch nicht von der Anordnung des Ruhens an zu laufen; das Verfahren konnte vor Ablauf von drei Monaten nur mit Zustimmung des Gerichts wieder aufgenommen werden. Durch diese Sperrfrist wurde eine Verjährungshemmung in derselben Weise begründet, wie wenn der Verpflichtete vorübergehend zur Leistungsverweigerung berechtigt ist. Diese Sperrfrist ist nicht schlechthin auf drei Monate bemessen; das Gericht kann auch einer vorzeitigen Aufnahme zustimmen. Kann nach den Umständen mit Sicherheit auf seine Zustimmung gerechnet werden, so ist auch schon ein Teil der Frist als willkürlicher Stillstand zu berechnen. Jedenfalls war die Klägerin nach dem Ablauf der drei Monate nicht mehr gehindert, ihre Ansprüche geltend zu machen; spätestens vom 21. Juni 1929 an begann eine neue Verjährungsfrist zu laufen, so daß im Zeitpunkt der Aufnahme des Rechtsstreits die Ansprüche verjährt waren. (II, 29. April 1932.)

Amtl. Sammlg. S. 193—196.

Vgl. Bd. 72 S. 187; Bd. 80 S. 216; Bd. 94 S. 180; Bd. 128 S. 191.

41. Versicherungsansprüche. Verzinsung. Aufwertung. (VersAufwVO. Art. 3, 5; BGB. §§ 288, 291.) Eine Baufirma klagte im Jahre 1916 gegen eine Versicherungsgesellschaft auf Zahlung einer Versicherungsentschädigung nebst Zinsen vom 1. August 1916 an. Nach dem Inkrafttreten der Verordnung über die Aufwertung von Versicherungsansprüchen ermäßigte sie ihre Forderung auf die Hälfte. Das Reichsgericht stellte den Entschädigungsanspruch durch Urteil vom 29. November 1927 mit einstweiligem Ausschluß der Zinsforderung rechtskräftig fest. Im Betragsverfahren verurteilte das Landgericht die Beklagte durch Teilurteil vom 15. Mai 1930 zur Zahlung der Hauptsumme nebst Zinsen vom 1. Dezember 1923 an. Das Berufungsgericht billigte durch Urteil vom 10. Juni 1931 Zinsen erst vom 25. Mai 1926 an zu. Das Reichsgericht verwies bezüglich der Zinsansprüche die Sache zurück. Das Berufungsgericht hatte sein Urteil damit begründet, daß der in der Versicherungsaufwertungsverordnung festgelegte Aufwertungssatz von 50% nicht nur eine gleichmäßige Verteilung des Aufwertungsschadens bedeute, sondern daß die Verordnung alle von ihr betroffenen Versicherungsverträge erschöpfend regeln wolle und daher aus sonstigen Gesichtspunkten, wie Verzug, Prozeßzinsen u. dgl. keine weiteren Ansprüche erhoben werden könnten. Dem trat die Revision des Klägers mit Recht entgegen. Aus dem Wortlaut der Verordnung geht nichts hervor, was die Ansicht des Berufungsgerichts stützen könnte; im übrigen ist grundsätzlich daran festzuhalten, daß ausdehnende Auslegungen von Aufwertungsvorschriften zu unterlassen sind, welche Änderungen des geltenden bürgerlichen Rechts mit sich bringen. Wenn über die Unverzinslichkeit des Aufwertungsbetrags und Erlaß rückständiger Zinsen dem Aufwertungsgesetz entsprechende Bestimmungen hätten getroffen werden sollen, so hätte das zum Ausdruck gebracht werden müssen. Daran änderte auch die Vorschrift des Art. 5 Abs. 2 der Verordnung nichts; selbst wenn man aus ihr einen über ihr Anwendungsgebiet hinausreichenden Grundsatz entnehmen wollte, würde das Verlangen nach einer Verzinsung der Entschädigungssumme hiedurch nicht betroffen. Der Zinsanspruch der Klägerin war nicht erst mit dem Inkrafttreten der Verordnung entstanden, sondern beruhte auf dem ursprünglichen Rechtsverhältnis. Demnach konnte die Klägerin Verzinsung ihrer Entschädigungsforderung, sei es in Gestalt von Verzugszinsen, sei es in Gestalt von Prozeßzinsen, auch schon für die Zeit vor dem Inkrafttreten der Verordnung verlangen. Ein Zinssatz von 5% war gerechtfertigt, weil ein zweiseitiges Handelsgeschäft vorlag.

Wegen des Beginns der Zinspflicht waren noch weitere Feststellungen nötig. (VII, 29. April 1932.)

Amtl. Sammlg. S. 197—201.

Vgl. Bd. 110 S. 135; Bd. 122 S. 46.

42. **Stempelabgabe. Befreiung. Gesamtschuld.** (Pr. StempStG. § 13 TarSt. 1, 14; FinAusglG. vom 27. April 1926 § 2.) Eine Gesellschaft nahm im Jahre 1929 eine Auslandsanleihe auf und gab dafür Teilschuldverschreibungen aus. Für die Treuhänderin der Schuldverschreibungsinhaber ließ sie zur Sicherung von Kapital und Zinsen auf ihren Grundstücken eine Grundschuld eintragen; das gleiche tat auch ihre Tochtergesellschaft. Das Amtsgericht forderte für die Eintragung einen Stempel in Höhe von $^1/_6$% des Kapitalbetrags. Die Gesellschaft zahlte die Summe, klagte jedoch auf Rückzahlung. Das Landgericht gab der Klage nahezu vollkommen statt; die Revision des Beklagten führte zur Zurückverweisung. In ihr war zunächst geltend gemacht, daß eine Befreiung von der Stempelsteuerschuld schon deshalb nicht gegeben sei, da die persönlich und dinglich Berechtigten nicht dieselben Personen seien; persönlich berechtigt seien die Inhaber der Schuldverschreibungen, dinglich berechtigt sei die Treuhänderin. Es genügt aber, wenn der dinglich Berechtigte der Treuhänder der persönlichen Gläubiger ist und ihm nur in dieser Eigenschaft das dingliche Recht zusteht. Hieran änderte auch die Möglichkeit nichts, daß der Anleihevertrag später geändert werden konnte. Die Klägerin selbst war nicht stempelpflichtig, weil sie Wertpapier- und Kapitalverkehrsteuer gezahlt hatte. Das Landgericht hatte angenommen, daß auch der Eintragungsantrag der Tochtergesellschaft nicht stempelpflichtig sei. Hiegegen nahm die Revision mit Recht Stellung. Die Tochtergesellschaft hatte zwar einen Eintragungsantrag gestellt, jedoch keine persönliche Schuldverpflichtung übernommen. Da sie eine selbständige Rechtspersönlichkeit war, waren ihre Handlungen nicht Handlungen der Klägerin. Es mag an sich richtig sein, daß der Stempel nur einmal zu erheben ist, wenn mehrere Personen zum Grundbuch verschiedener Grundstücke die Eintragung einer Gesamtgrundschuld beantragen. Bezahlt in einem solchen Falle einer der Beteiligten den Stempel, so befreit er die übrigen dadurch von der Zahlung. Einer Zahlung steht es jedoch nicht

gleich, wenn ein Verpflichteter von der Stempelsteuer befreit ist. Der Grundgedanke des Gesetzes geht dahin, daß der Staat zwar von mehreren Personen die Steuer verlangen kann, im ganzen aber nur den einmaligen Betrag. Ist ein Verpflichteter auf Grund besonderer, nur bei ihm gegebener Umstände befreit, so hat der Staat die Steuer noch nicht erhalten und kann sich deshalb an die übrigen Verpflichteten halten. Durch die Befreiung der Klägerin von der Zahlung des preußischen Schuldverschreibungsstempels wurde die Verpflichtung der Tochtergesellschaft zur Zahlung dieses Stempels nicht berührt. Hierin lag keine Doppelbesteuerung, da in dem einen Fall die Übernahme der persönlichen Schuldverbindlichkeit mit der Wertpapiersteuer, in dem andern Fall der Eintragungsantrag mit dem preußischen Stempel belegt wurde. Auch die Bestimmung, wonach bei einem Antrag auf Eintragung einer Hypothek oder Grundschuld, für welche mehrere Grundstücke haften sollen, die Abgabe nur einmal erhoben wird, war hier nicht anwendbar, da auch für sie Voraussetzung ist, daß die Abgabe wenigstens einmal bezahlt wurde. Es war jedoch noch zu prüfen, ob die Klägerin für die von der Tochtergesellschaft geschuldete Stempelsteuer überhaupt haftete. Es stand nicht fest, ob die Klägerin und die Tochtergesellschaft die Eintragungsanträge in derselben Urkunde gestellt hatten und ob die Klägerin Inhaberin und Vorzeigerin dieser Urkunde oder auch derjenigen Urkunde war, in der die Tochtergesellschaft etwa gesondert ihren Eintragungsantrag gestellt hatte. Der Beklagte hatte behauptet, daß die Klägerin für sämtliche Kosten aufkommen wollte, die durch Eintragung der Grundschuld entstanden. War insoweit ein Abkommen unter den Prozeßparteien getroffen, so konnte das erheblich sein. (VII, 6. Mai 1932.)

Amtl. Sammlg. S. 202—206.
Vgl. Bd. 85 S. 264; Bd. 131 S. 289, 296.

43. Revisionsurteil. Bindung des Gerichts. (ZPO. § 565.) In einer Haftpflichtsache hatte das Berufungsgericht einen Satz in einem Schriftsatz der beklagten Versicherungsgesellschaft zugunsten des Klägers ausgelegt. Das Revisionsgericht hatte die Sache zurückverwiesen, da nur dieser Satz, nicht aber der gesamte Inhalt des Schriftsatzes sowie ein weiterer Schriftsatz der Beklagten beachtet worden sei. In seinem neuen Urteil führte das Berufungsgericht aus, die Auffassung des Revisionsgerichts von den beiden Schriftsätzen sei unzutreffend. Das führte neuerdings zur Zurückverweisung. Die Auslegung, die das Revisionsgericht in Abweichung von dem Berufungsgericht einer Prozeßhandlung gibt, bindet das Berufungsgericht, wenn diese Auslegung der Aufhebung des ersten Berufungsurteils zugrunde lag und für die Urteilsfindung wesentlich ist. (VII, 22. April 1932.)

Amtl. Sammlg. S. 206—207.

Vgl. Bd. 86 S. 380; Bd. 107 S. 344; Bd. 134 S. 132.

44. **Orderwechsel ohne Remittenten. Umdeutung.** (WO. Art. 4; BGB. § 140.) Im Text eines Wechsels fehlte hinter den Worten „an die Order" die Bezeichnung des Remittenten. Gegen die Klage auf Zahlung der Wechselsumme wurde die Nichtigkeit des Wechsels wegen Formmangels eingewandt. Das Landgericht hatte die Klage abgewiesen. In der Berufungsverhandlung ergänzte der Prozeßbevollmächtigte der Klägerin den Wechsel dahin, daß er hinter dem Wort „an die Order" das Wort „eigene" einfügte. Die Klage drang nicht durch. Ein Wechsel, dem eines der wesentlichen Erfordernisse des Art. 4 WO. fehlt, ist grundsätzlich ungültig. Die Ergänzung eines solchen Erfordernisses aus dem sonstigen Inhalt des Wechsels ist dann ausgeschlossen, wenn die übrigen auf der Wechselurkunde befindlichen Erklärungen nach Wortlaut oder Form auch noch eine andere Erklärung gestatten. Das Giro der Ausstellerin allein zwingt noch nicht zu der Annahme, daß der Wechsel an eigene Order gestellt werden soll. Der Wechsel wies vor dem Giro der Ausstellerin eine Lücke auf; es bestand die Möglichkeit, daß er nicht an eigene, sondern an fremde Order lauten sollte und der Zwischenraum zwischen den Stempelmarken und dem Giro der Ausstellerin dazu bestimmt war, das Giro des Remittenten aufzunehmen. Das Berufungsgericht hatte festgestellt, daß die Beteiligten die Begebung eines Blankowechsels nicht gewollt hatten und daß auch der Klägerin keine Ermächtigung erteilt worden war, den Wechsel zu vervollständigen; die einseitig vorgenommene Vervollständigung konnte daher nicht die Rechtswirkungen eines gültigen Wechsels begründen. Eine Umdeutung der Wechselurkunde in einen kaufmännischen Verpflichtungs-

schein war nicht angängig, da es sich um einen gezogenen Wechsel handelte und aus der Akzeptunterschrift weder ein Schuldversprechen noch eine sonstige Verpflichtungserklärung entnommen werden kann, da das Akzept nicht eine Erklärung des Akzeptanten deckt. Daß das Akzept trotzdem als Annahme und Verpflichtung des Bezogenen zur Zahlung der Wechselsumme gilt, ist eine Sonderbestimmung der Wechselordnung, die nur für rechtswirksame Wechsel zutrifft. Eine kaufmännische Anweisung lag nicht vor, da hiefür die Benennung des Empfängers der dem Bezogenen aufgegebenen Leistung erforderlich ist; diese fehlte in dem ursprünglichen Wechsel. (II, 13. Mai 1932.)

Amtl. Sammlg. S. 207—210.

Vgl. Bd. 130 S. 82.

45. Domänen. Öffentliches Interesse. Landesherrliches Eigentum. Privatfürstenrecht. (RVerf. Art. 109; EG. z. BGB. Art. 57, 59, 109.) Nach der Thronentsagung des Fürsten von Lippe hatte der Lippesche Volks- und Soldatenrat den Besitz und die Verwaltung des Domaniums übernommen. Der Landtag des Landes Lippe sprach durch Gesetz vom 17. Juli 1919 aus, daß das Domanium mit Wirkung vom Tag der Thronentsagung an Staatseigentum geworden sei. In dem sog. Domanialvertrag vom 31. Oktober 1918 verzichtete der Fürst auf alle Rechte bezüglich des Domaniums für sich und sein Haus mit Ausnahme gewisser im Vertrag bezeichneter Bestandteile, welche Fideikommiß des Hauses blieben. Dieser Vertrag wurde durch Gesetz vom 24. Dezember 1919 bestätigt; das Gesetz vom 17. Juli 1919 wurde aufgehoben. Im Jahre 1928 klagte der Fürst auf Herausgabe von zwei zum Domanium gehörigen Grundstücken mit der Behauptung, der Domanialvertrag sei von ihm rechtsirrig und ohne Zustimmung der Agnaten abgeschlossen worden und sei seinem Inhalt nach auch sittenwidrig. Nachdem das Landgericht die Klage abgewiesen hatte, wurde in der Berufungsverhandlung auf Feststellung der Rechtsunwirksamkeit der Eigentumsübertragung und des Fortbestehens des persönlichen oder doch des fideikommissarischen Eigentums der fürstlichen Familie geklagt. Das Berufungsgericht verurteilte das Land zur Umschreibung der Grundstücke auf das fürstliche Haus Lippe. Das Reichsgericht verwies die Sache zurück. In einem früheren Rechtsstreit hatte der erkennende Senat bereits entschieden, daß nach der Entwickelung der Verhältnisse in der zweiten Hälfte des vorigen Jahrhunderts der Fürst nur mehr Inhaber und Nießbraucher des Domaniums war, das Eigentum daran aber dem Land zustand und jedenfalls infolge des Thronverzichts dem Land zufiel, weil das Domanialvermögen ein Zubehör der Landeshoheit ist. Dagegen hatte das Berufungsgericht geltend gemacht, daß ein öffentlich-rechtliches Eigentum nur an solchen Gegenständen anzuerkennen sei, die dem privaten Rechts- und Geschäftsverkehr tatsächlich entzogen seien. Bei seinem Thronverzicht seien dem Kläger ausdrücklich die Sicherheit seines Privatvermögens und die ihm seiner Ansicht nach zustehenden bürgerlich-rechtlichen Ansprüche an die Rentenkammer zugebilligt worden. Das Gesetz vom 17. Juli 1919 habe nur zur Klärung der Rechtsfrage aussprechen wollen, was nach Ansicht des Landtages bereits Recht war; es habe keine Übertragung des Domanialvermögens bewirken können, weil es nicht in öffentlichem, sondern in rein fiskalischem Interesse erlassen worden sei, um auf den Kläger einen Druck zum Vergleichsabschluß auszuüben. Diese Erwägung war nicht irrtumsfrei. Ein öffentliches Interesse kann auch in der Verhütung einer Beunruhigung weiter Bevölkerungskreise und in der Vermeidung einer Verwirrung der allgemeinen Rechtsbegriffe gefunden werden, die notwendigerweise entsteht, wenn ein Grundbesitz, der einen beträchtlichen Teil des Staatsgebietes umfaßt, längere Zeit hindurch in ungeklärter Eigentumslage verbleibt und gegen den Willen der früheren Besitzer, die sich noch als Eigentümer betrachten, von einer Staatsbehörde verwaltet wird. Daß diese Gesichtspunkte bei der Erlassung des Gesetzes vom 17. Juli mitbestimmend waren, war naheliegend; die vom Berufungsgericht ausgesprochene Ungültigkeitserklärung des Gesetzes konnte daher möglicherweise auf einer falschen Auslegung des Art. 109 EG. z. BGB. beruhen. Das Berufungsgericht hatte den Domanialvertrag für nichtig erklärt, da er nicht den gesetzlichen Vorschriften über Grundstücksübertragung entsprochen habe. Für die Beurteilung dieser Frage konnte, nachdem landesrechtliche Bestimmungen, welche eine Befreiung des Domänengrundbesitzes vorgesehen hätten, nicht vorhanden waren, nur das Recht des Bürgerlichen Gesetzbuches, nicht aber Vorschriften des früheren lippischen Rechts oder des gemeinen Privatfürstenrechts Anwendung finden. Die Verletzung allgemeiner, im Bürgerlichen Gesetzbuch ausgesprochener Rechtsgedanken und allgemeiner Sätze der Rechtswissenschaft, die nur zur Ergänzung des Landesrechts dienen, begründen die Revision nicht, wenn die landesrechtlichen Sätze der Nachprüfung durch das Revisionsgericht entzogen sind. Das Berufungsgericht hatte den Gedanken, daß das Gesetz vom 24. Dezember 1919 eine zulässige landesrechtliche Regelung der Eigentumsverhältnisse am Fideikommiß des ehemaligen fürstlichen Hauses darstelle, deshalb zurückgewiesen, weil die reichsgesetzlichen Vorschriften die Landesgesetzgebung nur ermächtigten, Bestimmungen zur Erhaltung der Fideikommisse im Besitz der mit ihnen ausgestatteten Familien und zur Ordnung der damit zusammenhängenden Rechtsverhältnisse zu treffen, nicht aber dazu, diesen Familien ihr Eigentum zu nehmen und es an den Staat zu bringen. Das war rechtsirrig. Eine Maßnahme, durch die eine mit weitgehenden Befugnissen und Ansprüchen des Staates belastete Fideikommißmasse zwischen dem Staat und andern bisherigen Fideikommißberechtigten aufgeteilt wird, fällt in den Rahmen einer zum Abbau des Fideikommisses dienenden Auseinandersetzung; sie ließ sich auch nicht als Wegnahme bezeichnen, da sie auf Grund eines mit dem Haupt der fideikommißberechtigten Familie geschlossenen Vertrages erfolgte. Bei Prüfung der Frage des Eigentums an dem Domanialvermögen war ferner zu berücksichtigen, daß das Domanialvermögen nach gemeinem deutschem Privatfürstenrecht im Unterschied von den Schatull- und Kabinettsgütern den landesfürstlichen Familien nur als Zubehör der Landeshoheit zustand, so daß es ihnen im Zweifel nur solange blieb, als sie die Herrschaft im Staate innehatten; ob hievon durch lippisches Landesrecht Abweichungen getroffen waren, ging aus dem Berufungsurteil nicht hervor. (VII, 27. Mai 1932.)

Amtl. Sammlg. S. 211—223.

Vgl. Bd. 103 S. 200; Bd. 109 S. 8.

46. Mietvertrag. Kündigung. Notverordnungsrecht. (4. NotVO. Teil II Kap. III § 1.) In einem im Jahre 1920 geschlossenen und bis zum Jahre 1940 laufenden Mietvertrag war bestimmt, daß der damals vereinbarte

Mietpreis für die gesamte Vertragsdauer maßgebend sein solle und die Mieterin auf eine Herabsetzung auch dann verzichte, wenn ihr eine solche Möglichkeit durch gesetzliche oder sonstige Bestimmungen gegeben werden sollte. Im Jahre 1932 kündigte die Mieterin auf Grund der Bestimmungen der 4. Notverordnung. Die Feststellungsklage der Vermieterin auf Weiterbestehen des Mietvertrages drang nicht durch. Der Zweck der Bestimmungen der Notverordnung war die Befreiung der Mieter von der Fessel langfristiger Mietverträge, die unter andern wirtschaftlichen Umständen geschlossen worden waren. Sie trugen einem seit dem Jahre 1931 dringend und offenbar gewordenen Bedürfnisse weitester Kreise Rechnung; es konnte daher nicht in ihrem Sinne liegen, vor Abreden Halt zu machen, die Jahre vorher ohne mögliche Voraussicht der eingetretenen Lage getroffen worden waren. Diese einmalige, für einen Ausnahmezustand bestimmte Regel gilt über den Parteiwillen hinweg auch für die Gefahrverteilung. Die in der 1. Durchführungs- und Ergänzungsverordnung über Zinssenkung auf dem Kapitalmarkt getroffene Bestimmung, wonach Vereinbarungen eines Verzichts auf eine gesetzliche Zinssenkung für ungültig erklärt wurden, betraf ein vom Mietrecht rechtlich und wirtschaftlich wesentlich verschiedenes Gebiet; aus der Tatsache, daß die 4. Notverordnung eine ähnliche Bestimmung nicht ausdrücklich enthielt, konnte noch nicht gefolgert werden, daß sie ihrem Sinn und Zweck widerspreche. (VIII, 23. Mai 1932.) Amtl. Sammlg. S. 224—227.

Vgl. Bd. 117 S. 226; Bd. 123 S. 224.

47. Seebad. Gemeindehaftung. Unerlaubte Handlung. Schadenersatz. (BGB. § 823.) Ein Ehepaar ertrank in einem Strandbad in der Nordsee. Die Klage der Kinder gegen die Gemeinde, die das Strandbad unterhielt, auf Ersatz des Schadens, der ihnen durch den Tod der Eltern entstanden war und noch entstehen werde, drang in allen Rechtszügen durch. Die beklagte Gemeinde hatte an dem Strand Einrichtungen getroffen, die dem Badeverkehr dienten; sie hatte Umzäunungspfähle im Wasser angebracht, Badezellen eingerichtet, zum Besuch unter Hinweis auf den Inselstrand in der Öffentlichkeit geworben, Rettungsgeräte und Badepersonal bereitgestellt und während der Sommerbadezeit eine Kurtaxe erhoben. An dem

Badestrand traten Unterwasserströmungen (der „Sog") auf, deren Wirkung darin bestand, daß die von ihnen erfaßten Personen in das offene Meer hinausgezogen wurden. Auf einer nahe gelegenen Insel war an diesem Tage vor dem Baden gewarnt worden, während an dem Badestrand der Beklagten die Fahne, die eine Zulässigkeit des Badens anzeigte, nicht eingezogen wurde. Durch die von ihr geschaffenen Einrichtungen hatte die Gemeinde einen Badeverkehr eröffnet; ob ihr der Strand selbst gehörte, war dabei nicht erheblich. Sie hatte den Strand dem Badebetrieb in der von ihr gewollten und geregelten Form gewidmet und den Badegästen erkennbar gemacht, es werde für sie eine Fürsorge ausgeübt nicht nur für ihre Bequemlichkeit, sondern auch für ihre Sicherheit. Das legte ihr aber die Pflicht auf, für diese Sicherheit nach Kräften besorgt zu sein. Eine bessere Aufsicht, die möglich und Pflicht gewesen wäre, hätte eine rechtzeitige Warnung vor dem Sog gewährleistet, dessen Auftreten und Wirkung der Beklagten nach Feststellung des Berufungsgerichts bekannt war. Eine Beweispflicht der Kläger, daß ihre Eltern sich nicht weiter, als bis zur Hüftenhöhe im Wasser befunden hatten, wurde vom Revisionsgericht nicht anerkannt; zu einer Umkehrung der Beweislast war keine Veranlassung gegeben. Eine Unzulänglichkeit der Schutzeinrichtungen war den Eltern der Kläger jedenfalls in bezug auf die unzulängliche Gestaltung des Aufsichtsdienstes nicht bekannt; gerade dieser Mangel an Fürsorge war aber für den Unfall wesentlich maßgebend. (IX, 13. April 1932.)

Amtl. Sammlg. S. 228—232.

48. **Grundbuch. Grundschuld. Verzinsungsbeginn.** (BGB. §§ 1115, 1192.) Eine Grundschuld wurde unter Bezugnahme auf die Bewilligung vom 6./8. Mai 1930 mit 12% verzinslich im Grundbuch eingetragen. Ein besonderer Zeitpunkt des Zinsbeginns war nicht angegeben. In der Urkunde vom 8. Mai war bestimmt, daß die Grundschuld fällig sein solle, wenn die Zinsen nicht rechtzeitig, d. h. innerhalb 14 Tagen nach Fälligkeit, gezahlt würden. Die Zinsen wurden nicht gezahlt. Die Klage auf Zahlung der Grundschuld war von den Untergerichten abgewiesen worden; das Reichsgericht verwies die Sache zurück. Das Berufungsgericht hatte die Ansicht vertreten, daß der Verzinsungsbeginn durch eine besondere Bezeich-

nung des Zeitpunkts festgelegt sein müsse; fehle eine solche, so sei die Zinseintragung nichtig. Das war rechtsirrig. Auch die Grundbucheintragung selbst ist bezüglich ihrer Bedeutung der Auslegung fähig; diese vom Berufungsrichter unterlassene Prüfung konnte das Revisionsgericht selbst vornehmen. Zu dieser Auslegung konnte nichts herangezogen werden, was außerhalb der Eintragung lag und nicht allgemein bekannt war; es war jedoch geboten, zur Erkenntnis des Sinnes der Eintragung das zu berücksichtigen, was sich aus der unbefangenen Auffassung eines jeden als die nächstliegende Bedeutung der Eintragung darstellte. Es ist aber keineswegs das Nächstliegende, daß über den Verzinsungsbeginn nichts vermerkt sein soll. Es wäre auffallend gewesen, wenn die Eintragung der Grundschuld mit Bezug auf den Anfang der Verzinsung eine Unvollständigkeit bei Bezeichnung des Umfangs der Grundstücksbelastung enthalten sollte; naheliegend war vielmehr die Annahme, daß der Zinsenbeginn mangels ausdrücklicher anderer Angabe mit dem Eintragungstag zusammenfiel. Es ist allerdings möglich, daß die Verzinsung schon auf einen vor der Eintragung liegenden Zeitpunkt festgesetzt wird; hiezu bedarf es jedoch eines besonderen Ausdrucks in der Eintragung. Ob die Angabe des Verzinsungsbeginns überhaupt entbehrlich ist und ob das auch für Hypotheken gilt, konnte dahingestellt bleiben. Bei richtiger Auslegung der vorliegenden Grundbucheintragung ergab sich daher, daß der Beklagte erstmalig am 13. November Zinsen zu zahlen hatte; die Klage war deshalb begründet, sofern nicht der Beklagte einen anderen Einwand auf Grund seines noch nicht geprüften weiteren Vorbringens entgegenhalten konnte. (V, 23. April 1932.) Amtl. Sammlg. S. 232—236.
Vgl. Bd. 58 S. 243; Bd. 62 S. 375; Bd. 74 S. 205; Bd. 78 S. 60; Bd. 102 S. 3.

49. **Bürgerlich-rechtliche Gesellschaft. Zeitdauer. Vertretung. Mitgliedschaft. Kündigung. Stimmrechtsausschluß. Kartellvertrag. Langfristige Bindung. Knebelungsvertrag. Gute Sitten.** (BGB. §§ 138, 705, 709, 723; KartVO. § 8.) Die Zuckerfabrik E. & Co. gründete im Jahre 1922 mit sieben anderen Fabriken zusammen eine G. m. b. H. (Holland-G. m. b. H.), welche die Einrichtungen einer Aktiengesellschaft pachtete; der Pachtvertrag lief bis zum

31. August 1952. Am 14. September 1922 errichteten die 8 Fabriken eine weitere Gesellschaft bürgerlichen Rechts, die Holland-Vereinigung; diese trat korporativ einer ebenfalls in der Form einer bürgerlich-rechtlichen Gesellschaft gestalteten Vereinigung mitteldeutscher Rohzuckerfabriken (Vemiro) bei. Der Vemiro wurden sämtliche Geschäftsanteile der Holland-G. m. b. H. abgetreten; die Mitglieder der Holland-Vereinigung wurden verpflichtet, ihren gesamten Rohzucker nur den der Vemiro angeschlossenen Raffinerien zuzuführen. Die Dauer der Vemiro war satzungsgemäß bis zum 30. September 1932 vorgesehen; eine weitere Verlängerung von 5 zu 5 Jahren war beabsichtigt, falls nicht ein Mitglied mindestens ein Jahr zuvor kündigte. Durch Beschluß ihrer Mitgliederversammlung vom 16. Juli 1929 wurde sie bis zum 30. September 1937 mit entsprechender Verlängerungsklausel erstreckt; für diesen Beschluß stimmte auch der Vertreter der Holland-Vereinigung auf Grund eines in dieser gegen die Stimme der E. & Co. zustande gekommenen Beschlusses. Im Oktober 1929 kündigte die E. & Co. die Mitgliedschaft bei beiden Vereinigungen auf Grund der Kartellverordnung; sie wiederholte im Jahre 1931 diese Kündigung auf Grund des § 723 BGB. Das Verfahren vor dem Kartellgericht endete mit einem Vergleich. Die E. & Co. klagte nunmehr gegen die Holland-Vereinigung und die Vemiro auf Feststellung, daß sie nicht über den 30. September 1932 hinaus Mitglied der Vemiro sei. Das Landgericht wies die Klage ab; die unmittelbar eingelegte Revision der Klägerin hatte Erfolg. Das rechtliche Interesse an der Feststellungsklage war vom Landgericht zutreffenderweise bejaht worden; es versagte der Klägerin aber die Kündigung des Vertrags mit der Holland-Vereinigung, da eine Mindestdauer dieser Vereinigung bis zum 31. August 1951 anzunehmen sei. Die Revision machte dagegen die Sittenwidrigkeit des Vertrags geltend; es handle sich um einen Knebelungsvertrag, der die wirtschaftliche Freiheit seiner Mitglieder unzulässig beschränke. Demgegenüber entschied das Reichsgericht, daß die Klägerin durch den Vertrag nicht gänzlich ihrer wirtschaftlichen Freiheit und Unabhängigkeit beraubt wurde. Sie konnte den Vertrag aus wichtigen Gründen lösen; außerdem ließ er auch den Fortbestand der Klägerin als selbständiger Firma und ihre

freie Entschließung in der Erzeugertätigkeit unberührt. Das Landgericht hatte seine Entscheidung darüber, ob die Klägerin aus der Bemiro loskommen könne, lediglich auf die Lösbarkeit ihres Verhältnisses zur Holland-Vereinigung abgestellt. Es ging dabei davon aus, daß nicht die Klägerin, sondern die Holland-Vereinigung als Ganzes als Mitglied der Bemiro anzusehen sei und begründete das mit der den Einzelwillen nach außen ausschaltenden Gebundenheit der Mitglieder einer bürgerlich-rechtlichen Gesellschaft, die auf dem Gesamthandsgedanken beruht. Das war rechtsirrig. Der Eintritt einer bürgerlich-rechtlichen Gesellschaft in eine andere ist an sich zulässig; die Mitglieder der ersten Gesellschaft werden dadurch Mitglieder der zweiten, allerdings als gesellschaftlich verbundene Personeneinheit mit der Folge, daß ihnen die gesellschaftlichen Rechte in dieser gesamthänderischen Verbundenheit zustehen. Das folgt daraus, daß die bürgerlich-rechtliche Gesellschaft lediglich einen vertraglichen Zusammenschluß ihrer Mitglieder zur Erfüllung bestimmter Zwecke darstellt, der weder durch die gesamthänderische Gestaltung der Vermögensangelegenheiten, noch durch die Beschränkung des Einzelwillens der Mitglieder eine Lösung von deren Persönlichkeit bedingt. Ergab sich daraus, daß die Klägerin selbst als Mitglied der Bemiro zu gelten hatte, so war für den Rechtsstreit die Frage wesentlich, ob sie das Mitgliedsverhältnis zu dieser zu lösen vermochte und zu Recht gekündigt hatte. Das war zu bejahen. Die Bemiro war ihrer Satzung entsprechend eine auf bestimmte Zeit eingegangene Gesellschaft; durch die Verlängerungsklausel wurde hieran nichts geändert. Das Wesen einer solchen Gesellschaft besteht darin, daß der Vertrag das einzelne Mitglied nur auf beschränkte Dauer an das Gesellschaftsverhältnis bindet, während bei einer auf unbestimmte Zeit laufenden Gesellschaft dem Mitglied das Kündigungsrecht auf ungewisse Zeit genommen ist, es also auf unabsehbare Dauer an die Gesellschaft gefesselt wird. Für die Beendigung der Mitgliedschaft der Klägerin bei der Bemiro waren wegen ihrer Zugehörigkeit zur Holland-Vereinigung in erster Linie die Grundsätze maßgebend, die für die Dauer der Zugehörigkeit der Holland-Vereinigung zur Bemiro zu gelten hatten. Die Entscheidung über die Fortsetzung der Mitgliedschaft bei der Bemiro war für die Holland-Vereinigung eine Frage ihres Bestehens überhaupt, da sie eigens zum Zweck des Eintritts ihrer Mitglieder in die Vemiro gegründet worden war; sie unterlag daher weder der Zuständigkeit des Geschäftsführers, noch des Ausschusses, sondern bedurfte der einmütigen Zustimmung aller Mitglieder. Es besteht zwar an sich die Möglichkeit, der Mehrheit der Gesellschafter oder einem Gesellschaftsorgan die Beschlußfassung auch über solche Fragen zu übertragen, die nicht in den Bereich der gewöhnlichen Geschäftsführung fallen, soweit sie nicht die Grundlagen der Gesellschaft betreffen; es darf aber dadurch nicht die Befugnis des einzelnen Gesellschafters beeinträchtigt werden, seine Mitgliedschaft jederzeit aus einem wichtigen Grunde zu kündigen. Daß die Vemiro ein Kartell darstellte und den Bestimmungen der Kartellverordnung unterlag, änderte daran nichts; auch nach dieser ist aus wichtigen Gründen ein sofortiges Kündigungsrecht gegeben. In der Satzung der Holland-Vereinigung war allerdings die Entscheidung über die Fortsetzung der Mitgliedschaft in die Hand des Ausschusses gelegt; in diesen konnte auch ein Beauftragter der Vemiro abgeordnet werden, der dann Sitz und Stimme hatte. Da aber dieser Beauftragte bei der fraglichen Entscheidung natürlich die Belange der Vemiro vertreten hatte, die Frage der Fortbeteiligung der Holland-Vereinigung an der Vemiro aber ausschließlich vom Standpunkt der eigenen Interessen aus zu beurteilen war, so lag hier offensichtlich ein Fall des Interessenwiderstreits vor, der den Ausschluß des Vemiro-Stimmrechts bei der Abstimmung im Holland-Ausschuß gebieterisch forderte. Insofern verstießen die Satzungsbestimmungen gegen zwingende Rechtsgrundsätze und waren demzufolge nichtig und sittenwidrig. Das hatte nicht die Gesamtnichtigkeit der Satzung zur Folge, sondern an Stelle der nichtigen Bestimmungen traten lediglich die gesetzlichen Vorschriften. Danach reichte aber die Kündigung eines einzelnen aus, um die Mitgliedschaft der Holland-Vereinigung bei der Vemiro zu beenden. Die seitens des Vertreters der Vemiro abgegebene Stimme konnte keine Bindung für die Klägerin schaffen, da dieser zur Abgabe der aus dem Rahmen der Geschäftsführung herausfallenden Erklärung nicht befugt war. In seiner weiteren Erklärung, daß die Klägerin einer Verlängerung widerspreche, lag eine Kündigung an die Vemiro zum satzungsgemäßen Endtermin. Weiterer Formen bedurfte es nicht; übrigens wurde die Kündigung noch fristzeitig wiederholt. Da eine satzungsgemäße Kündigung vorlag, so hörte sowohl die Holland-Vereinigung, wie auch die Klägerin vom 30. September 1932 an auf, Mitglieder der Vemiro zu sein. (II, 3. Mai 1932.) Amtl. Sammlg. S. 236—246. Vgl. Bd. 82 S. 395; Bd. 113 S. 321; Bd. 114 S. 393.

50. **Kreditbetrug. Gläubigergefährdung. Konkursverschleppung. Aussaugung. Unerlaubte Handlung. Schadenersatz. Offenbarungspflicht. Mitverschulden.** (§§ 254, 276, 826.) Eine Sparkasse hatte einer Aktiengesellschaft, die eine Wurstfabrik betrieb, große Kredite gewährt; zur Sicherung ließ sie sich eine Sicherungshypothek eintragen, über die Hälfte der Aktien verpfänden, das Fabrikinventar übereignen und schloß ferner einen Vertrag, wonach ihr das gegenwärtige und künftige Warenlager sowie sämtliche Roh-, Halb- und Fertigfabrikate übereignet wurden nebst allen Gegenständen, die sich in der Fabrik oder auf den Verkaufsstellen befanden. Die Aktiengesellschaft behielt zwar das Recht, die Waren unter eigenem Namen zu veräußern; der Erlös mußte jedoch an die Sparkasse abgeführt werden; wurde er zum Ankauf von Gegenständen verwendet, so ging das Eigentum an diesen auf die Sparkasse über. Die Verarbeitung der Waren und des Fleisches sollte im Auftrag der Sparkasse geschehen, so daß diese als Herstellerin anzusehen war und an den Erzeugnissen Eigentum erwarb. Die Zugänge von Waren waren der Sparkasse monatlich zu melden; neue Kundenforderungen sollten durch monatliche Bucheintragungen ausdrücklich abgetreten und im übrigen in den Büchern als Eigentum der Sparkasse bezeichnet werden. Außerdem war die Sparkasse berechtigt, aus einem ihrem Ermessen nach wichtigen Grunde die Herausgabe der Waren an sich selbst zu verlangen und sich daraus durch Selbsthilfeverkauf zu befriedigen. Die AG. geriet in Konkurs. Eine Firma, die ihr Waren für ihren Betrieb geliefert hatte, klagte gegen die Sparkasse auf Schadenersatz, da die Sicherungsverträge gegen die guten Sitten verstießen und durch ihre Geheimhaltung die übrigen Gläubiger der AG. geschädigt worden seien. Die Untergerichte gaben der Klage statt; die Revision der Klägerin führte zur Zurückverweisung.

Das Berufungsgericht hatte sich die Feststellung der Klägerin zu eigen gemacht, daß die Sparkasse sich durch ihre Verträge zum Herrn der AG. gemacht habe; diese habe nur mehr für die Sparkasse gearbeitet und sich in einem Zustand der Schuldknechtschaft befunden, der ihr jede wirtschaftliche Freiheit nahm; schon deshalb seien die Sicherungsverträge unsittlich. Hätte die Sparkasse dieses Vorgehen geoffenbart, so würde die Klägerin sich gehütet haben, der AG. weiterhin Waren auf Kredit zu geben und wäre nicht geschädigt worden. Als Stützungsverhandlungen zugunsten der AG. im Gange waren, hatte die Sparkasse die Klägerin zu einer Stundung ihrer Forderungen aufgefordert und selbst Hilfe in Aussicht gestellt; dadurch konnte in der Klägerin die Meinung aufkommen, daß der Stützungsversuch Erfolg haben und sie auf diese Weise vor Schaden bewahrt bleiben würde. Demgegenüber unterschied das Reichsgericht fünf Tatbestände, bei deren Vorliegen Schadenersatzansprüche gegen einen Gläubiger geltend gemacht werden konnten:

1. Der Sicherungsnehmer hält den Schuldner aus Eigennutz zu Nachteil anderer Gläubiger von der durch die Verhältnisse gebotenen Konkurseröffnung ab, z. B. durch Gewährung eines unzulänglichen, den wirtschaftlichen Todeskampf des Schuldners nur verlängernden neuen Kredits (Konkursverschleppung).

2. Der Schuldner wird vom Sicherungsnehmer aus den gleichen Beweggründen in seinen Mitteln und seiner Bewegungsfreiheit so eingeengt und allmählich ausgesogen, daß sein Geschäft zugrunde geht und er zum Schaden der andern Gläubiger Konkurs erklären muß (Aussaugung).

3. Der Sicherungsnehmer erniedrigt den Schuldner zum Strohmann, der nur mehr die Stellung eines abhängigen Verwalters hat, so daß der Geschäftsgewinn dem Sicherungsnehmer zufließt, ein Verlust aber von ihm nicht getragen wird, und er auch keine Haftung für die Geschäftsschulden übernimmt (stille Geschäftsteilhaberschaft).

4. Der Sicherungsnehmer bestimmt Dritte zur Kreditgewährung an den Schuldner, indem diese regelmäßig darüber getäuscht werden, daß der Schuldner durch die hergegebenen Sicherungen bereits kreditunwürdig geworden ist (Kreditbetrug).

5. Die ausbedungenen Sicherungen bringen durch ihren Umfang und ihre Undurchsichtigkeit die vom Sicherungsnehmer bewußt in Kauf genommene, nicht ganz ferne liegende Gefahr mit sich, daß spätere, nichts ahnende Kreditgeber zu Schaden kommen, ohne daß von einem betrügerischen Verfahren des Sicherungsgebers ihnen gegenüber die Rede sein kann (Gläubigergefährdung).

In den drei ersten Fällen können auch Altgläubiger von der unerlaubten Handlung betroffen werden, während diesen in den beiden letzten Fällen nur dann Ansprüche zustehen, wenn sie sich durch die Undurchsichtigkeit der Sachlage vom rechtzeitigen Beitreiben ihrer Forderungen abhalten ließen. Beim Kreditbetrug liegt die unerlaubte Handlung in der Täuschung selbst, so daß die Schadenersatzpflicht auf Herstellung des Zustandes geht, der bestehen würde, wenn der Geschädigte nicht in einen Irrtum versetzt oder darin belassen worden wäre (Vertrauensschaden). Der Tatbestand der unerlaubten Handlung, welche den Grund der Ersatzpflicht bildet, umfaßt die vorsätzliche Schädigung des Vermögens des späteren Kreditgebers durch die übermäßige und undurchsichtige Sicherung; die Ersatzpflicht erstreckt sich nur auf die weiteren Wirkungen dieser Vermögensverletzung, nicht auch auf Schäden, welche durch eine mit der Gläubigergefährdung verbundene, an sich nicht verwerfliche Handlung entstanden sind. Der Tatbestand und die Rechtsfolge der Gläubigergefährdung lassen sich daher so zusammenfassen: Erleidet ein Kreditgeber wegen einer übermäßigen und undurchsichtigen Sicherung, die der Schuldner einem andern gewährt hat und bei deren Kenntnis er den Kredit nicht gegeben hätte, einen Ausfall, so kann er seinen Schaden von dem Sicherungsnehmer ersetzt verlangen, sofern dieser eine solche Folge der Sicherung als nicht bloß fernliegende Möglichkeit vorausgesehen und mit in Kauf genommen hat. In den erstgenannten drei Fällen geht der Anspruch auf Herstellung des Zustandes, der dann bestehen würde, wenn der Sicherungsnehmer bei seinem Vorgehen das vermieden hätte, was sein Vorgehen sittenwidrig machte. Die Handlungsweise des Sicherungsnehmers kann gleichzeitig aus mehreren Gesichtspunkten als Sittenverstoß erscheinen; in einem solchen Fall sind die verschiedenen Gesichtspunkte der abweichenden Rechtsfolgen halber streng zu trennen und jede Sicherungsmaßnahme einzeln nach ihren Zeitumständen zu beurteilen. Das Berufungsgericht hatte in der Verletzung einer Offenbarungspflicht durch die Beklagte einen Sittenverstoß erblickt und den Einwand, die Klägerin habe von den Sicherungsmaßnahmen der Beklagten schon ein halbes Jahr vor der Konkurseröffnung der Schuldnerin Kenntnis gehabt und trotzdem weiter auf Kredit geliefert, damit zurückgewiesen, daß eine solche Kenntnis den grundsätzlichen Schadenersatzanspruch der Klägerin nicht berühre, sondern höchstens einen Einwand des Mitverschuldens rechtfertigen könne. Das war in sich widerspruchsvoll und bedurfte zum mindesten einer näheren Begründung. Es kam auch nicht darauf an, ob die Sicherungsverträge der Schuldnerin gegenüber gegen die guten Sitten verstießen, sondern ob ein sittenwidriges Verhalten der Klägerin gegenüber vorlag. Auch für die Annahme einer Konkursverschleppung oder Aussaugung lagen hinreichende Feststellungen nicht vor. Die Überwachungs- und Aufsichtsrechte der Sparkasse beeinträchtigten die wirtschaftliche Freiheit der Schuldnerin nicht; auch das ihr zustehende Befriedigungsrecht ging über das übliche und erlaubte Maß nicht hinaus. Außerdem hatte die Beklagte bisher unwiderlegt behauptet, daß ihr trotz ihrer Verträge tatsächlich aus dem Geschäft der Schuldnerin nichts zugeflossen sei. Eine Aufklärungspflicht des Sicherungsnehmers kann außerdem immer nur dem einzelnen gegenüber aus den zwischen diesem und dem Sicherungsgeber bestehenden besonderen Umständen hergeleitet werden; ohne eine solche Offenbarungspflicht aber kann höchstens eine Gläubigergefährdung vorliegen. Die Schaffung eines für spätere Kreditgeber gefahrvollen Zustands allein erzeugt eine solche Verpflichtung noch nicht; es kann nur in übertragenem Sinn von einer solchen Verpflichtung gesprochen werden, wenn der Sicherungsnehmer durch rechtzeitige Warnung der für neue Kreditgewährung in Frage kommenden Personen deren wirkliche Schädigung durch die ihnen unbekannten Sicherungen vermeiden und damit einen Ersatzanspruch abwehren konnte. Die Nichtaufklärung bringt jedoch keine Haftung für solche Schäden mit sich, die zwar bei einer Warnung dem Kreditgeber erspart geblieben wären, jedoch andere Ursachen, als das Bestehen der Sicherheiten hatten. Auch der Schuldner ist nicht allgemein zur Offenlegung seiner Verhältnisse verpflichtet, eine solche Aufklärung ist ihm nur dann zuzumuten, wenn er Sicherungen in außergewöhnlich hohem Maße gegeben hat oder wenn er erkennt, daß der neue Kreditgeber sein Vermögen für unbelastet hält und ihm nur deshalb Kredit geben will. Ein Mitwirken des Sicherungsnehmers bei einem Kreditbetrug liegt nur dann vor, wenn er den Schuldner zur arglistigen Täuschung des späteren Kreditgebers angestiftet oder ihn hiebei durch Handlungen unterstützt hat, welche über die bloße Ausbedingung und Annahme der Sicherungen hinausgingen. Fehlten solche Handlungen, so konnte höchstens Gläubigergefährdung vorliegen. Da das Berufungsgericht nicht erkannt hatte, daß der Inhalt der Schadenersatzpflicht je nach den Umständen, in denen die Sittenwidrigkeit des Vorgehens des Sicherungsnehmers begründet waren, verschieden ist und dabei die Behauptung der Beklagten, sie habe aus den Verträgen keinen Nutzen gezogen, nicht unerheblich war, war die Aufhebung des Urteils geboten. (IX, 9. April 1932.) Amtl. Sammlg. S. 247—260.

51. **Gesellschaft mit beschränkter Haftung. Stammkapitalerhaltung. Hypothekbestellung. Auszahlung an Gesellschafter.** (GmbHG. §§ 30, 31.) Zwischen dem Kaufmann H. und den fünf Geschwistern R., die sämtliche Gesellschafter einer G. m. b. H. waren, kam ein Vertrag zustande, wonach die Geschwister R. ihre Gesellschaftsanteile gegen einen Betrag von 45 000 *RM* an H. abtraten. Der Betrag wurde auf Grundstücken der G. m. b. H. dinglich sichergestellt; jedem der Geschwister sollte ein Betrag von 9000 *RM* zustehen. Die G. m. b. H. geriet in Vermögensverfall. Ein Gläubiger erwirkte einen Pfändungs- und Überweisungsbeschluß, durch den ihm die Forderungen der G. m. b. H. gegen E. R. übertragen wurden; er klagte sodann gegen diesen auf Zahlung von 9000 *RM*. Die Untergerichte hatten die Klage abgewiesen; die Revision des Klägers führte zur Zurückverweisung. Es fragte sich, ob die zur Erfüllung des zwischen H. und den Geschwistern R. geschlossenen Vertrags erforderlichen Leistungen aus dem Vermögen der G. m. b. H. entnommen waren und ob sie eine Auszahlung des zur Erhaltung des Stammkapitals notwendigen Gesellschaftsvermögens an die Gesellschafter darstellten. Daß die Bestellung einer Hypo-

thek zugunsten eines Gesellschafters eine solche Auszahlung darstellen kann, ist nicht zu bezweifeln. Aus dem Umstand, daß im gegebenen Fall die Hypothek bei der Zwangsversteigerung des Grundstücks ausgefallen war, folgte noch nicht ohne weiteres ihre Wertlosigkeit; namentlich dann, wenn der formell ausgefallene Gläubiger selbst das Grundstück ersteigert hat, ist für ihn häufig wirtschaftlich der in der Hypothek liegende Wert gerettet. Es war deshalb der Wert des belasteten Grundstücks im Zeitpunkt der Zwangsversteigerung zu ermitteln. In diesem Zusammenhang konnte auch die Behauptung der Klägerin von Bedeutung sein, daß die Grundstückserwerberin, der die Hypothekenrechte abgetreten worden waren, trotz des Ausfalls der Hypothek das Abtretungsentgelt in voller Höhe an den Beklagten bezahlt habe. Die Annahme des Berufungsgerichts, daß im Zeitpunkt der Hypothekbestellung mit der Zwangsvollstreckung nicht gerechnet wurde, widersprach der allgemeinen Erfahrung; es liegt im Wesen der Sicherheitsleistung, daß die Sicherung in Anspruch genommen wird, gerade um der Befriedigung zu dienen. Das Berufungsgericht hatte dargelegt, daß H. nicht nur Gesellschafter, sondern auch Gesellschaftsgläubiger war; wenn er die Gesellschaft zur hypothekarischen Sicherstellung der Geschwister R. veranlaßt habe, so liege darin kein Verstoß gegen § 30 GmbHG., selbst wenn das Stammkapital bereits angegriffen war. Das konnte für die Frage, ob die G. m. b. H. für ihre Leistungen vollwertigen Ersatz erhalten hatte, von Bedeutung sein. Falls eine unzulässige Auszahlung vorlag, war ein Erstattungsanspruch gegen den Beklagten gegeben, wenn er die Leistung empfangen hatte. Das war noch zu prüfen. Ergab sich bei der weiteren Verhandlung das Vorliegen einer solchen Auszahlung, so war weiter zu prüfen, ob durch die Erfüllung im Augenblick ihrer Vornahme das Stammkapital in unzulässiger Weise gekürzt worden war. (II, 22. April 1932.)

Amtl. Sammlg. S. 260—266.

Vgl. Bd. 80 S. 148; Bd. 133 S. 393.

52. **Offene Handelsgesellschaft. Gesellschafterpflichten. Wettbewerbsverbot. Ergänzende Vertragsauslegung. Treu und Glauben. Streitgenossenschaft.** (BGB. §§ 242, 535, 536; HGB. §§ 124, 128; ZPO. § 62.) Eine offene Han-

delsgesellschaft, bestehend aus zwei Gesellschaftern, verpachtete ein Grundstück zum Zweck des Betriebs einer Tankstelle; zugleich verpflichtete sie sich, auf ihrem ganzen Grundbesitz sonst niemand den Betrieb einer Tankstelle zu gestatten und bewilligte die Eintragung einer entsprechenden beschränkten persönlichen Dienstbarkeit. Die beiden Gesellschafter erwarben für sich gemeinsam ein anstoßendes Grundstück und richteten dort eine Tankstelle ein. Die gegen die offene Handelsgesellschaft und die beiden Gesellschafter erhobene Klage auf Unterlassung wurde vom Landgericht abgewiesen; das Berufungsgericht bestätigte die Abweisung gegenüber der offenen Handelsgesellschaft, verurteilte aber die beiden Gesellschafter entsprechend dem Klagantrag. Sie legten Revision ein; der Kläger schloß sich an mit dem Antrag, auch die Gesellschaft zu verurteilen. Die Revisionen wurden zurückgewiesen, die Anschlußrevision als unzulässig verworfen. Da die Gesellschaft keine Revision eingelegt hatte, hing die Zulässigkeit der Anschlußrevision davon ab, ob die Revision der beiden Gesellschafter, die im Berufungsverfahren Streitgenossen der Gesellschaft gewesen waren, für den Anschluß einen Anhalt bot. Das war nicht der Fall. Selbst wenn man notwendige Streitgenossenschaft annahm, erstreckte sich die Revision der Gesellschafter nicht auf die Gesellschaft, weil für diese ja mangels Beschwer ein Rechtsmittel gar nicht statthaft war. Es bestand aber auch keine notwendige Streitgenossenschaft. Eine solche ist zwar regelmäßig gegeben, wenn eine offene Handelsgesellschaft zugleich mit ihren Gesellschaftern aus einer Gesellschaftsschuld in Anspruch genommen wird. Das traf aber hier nicht zu. Die beiden Gesellschafter hatten das Nachbargrundstück für sich, nicht für die Gesellschaft gekauft; demgemäß bestand die Möglichkeit abweichender Beurteilung des Rechtsverhältnisses gegenüber der Gesellschaft und gegenüber ihren Gesellschaftern. Die gegen die Gesellschaft gerichtete Anschlußrevision fand also in den Revisionen der Gesellschafter keinen Halt. In der Sache selbst hing die Entscheidung davon ab, ob die beklagten Gesellschafter kraft ihrer Haftung für die Verbindlichkeiten der Gesellschaft durch deren Pflicht zur Unterlassung des Wettbewerbs auf ihrem gesamten Grundbesitz auch in Maßnahmen beschränkt wurden, die ihr außerhalb der Gesellschaft stehendes Vermögen betrafen. Daß Handlungen der Gesellschafter auch Handlungen der Gesellschaft sind, läßt sich allgemein nicht sagen. Die offene Handelsgesellschaft ist zwar keine juristische Person, aber doch Trägerin eines vom Vermögen der Gesellschafter gesonderten Gesellschaftsvermögens und als solche mit wichtigen eigenen Rechten ausgestattet. Ein Vertrag, den die Gesellschaft als Trägerin des Gesellschaftsvermögens abschließt, ist ein anderer Vertrag als ein solcher der Gesellschafter. Wenn die Gesellschaft sich zur Unterlassung einer bestimmten Art des Wettbewerbs verpflichtet, übernimmt sie damit nicht die Pflicht, dafür zu sorgen, daß auch ihre jeweiligen Gesellschafter den Wettbewerb unterlassen, da sie ja über die außergesellschaftlichen Belange ihrer Mitglieder nicht verfügen kann. Zu einem anderen Ergebnis kann man auch nicht auf dem Wege der ergänzenden Vertragsauslegung gelangen, denn diese muß eine Stütze in dem Vertragsinhalt finden und darf nicht zu einer Erweiterung des Vertragsgegenstandes führen. Das Reichsgericht nahm nicht abschließend Stellung zu der Frage, weil sich die Verwerfung der Revision der Gesellschafter aus anderen Gesichtspunkten ergab. Es ist schon entschieden worden, daß es gegen Treu und Glauben verstößt und als Vertragsbruch anzusehen ist, wenn ein Vermieter außerhalb des Mietgrundstücks das Erwachsen von Wettbewerb gegen den Mieter zuläßt oder herbeiführt. So wäre die Sache hier zu beurteilen gewesen, wenn die offene Handelsgesellschaft dem Wettbewerb auf dem Nachbargrundstück Wege bereitet hätte. Die Vorschrift des § 242 BGB. beherrscht aber auch das Schuldverhältnis derer, die keine im Ursprung eigene Verpflichtung zu erfüllen haben, aber als Garanten, Bürgen oder als Gesellschafter einer offenen Handelsgesellschaft für deren Verpflichtungen einstehen müssen. Grundsätzlich sind zwar die Gesellschafter in der Wahrnehmung ihrer Privatbelange frei; anderseits ist aber zu erwägen, ob es mit einer vertragstreuen Sorge für die Erfüllung der Gesellschaftsschulden vereinbar ist, die Vertragsziele der Gegenpartei der Gesellschaft durch solche Maßnahmen zu vernichten. Es konnte darum nicht zugelassen werden, daß die beiden einzigen Gesellschafter der offenen Handelsgesellschaft in gemeinsamer Wahrnehmung ihrer Belange das Nachbargrundstück erwarben und dort einen Wettbewerb eröffneten, der der Gesellschaft auf ihrem Grundstück verboten war. (VIII, 2. Mai 1932.)

Amtl. Sammlg. § 266—273.

Vgl. Bd. 34 S. 365; Bd. 46 S. 45; Bd. 87 S. 211; Bd. 92 S. 318, 417; Bd. 102 S. 301; Bd. 118 S. 295; Bd. 119 S. 353; Bd. 123 S. 151; Bd. 131 S. 274.

53. Kraftfahrzeugunfall. Vorfahrtsrecht. (KFO. vom 16. März 1928 § 24.) Ein Motorradfahrer näherte sich einer Straßenkreuzung, als ihm aus der entgegengesetzten Richtung ein Kraftwagen entgegenkam; dieser bog links ein, stieß dadurch mit dem Motorradfahrer zusammen und verletzte ihn. Die Klage auf Schadenersatz drang zum größten Teil durch. Das Berufungsgericht hatte angenommen, daß der Beklagte den Kläger erst habe vorbeifahren lassen müssen; dem war im Ergebnis beizutreten. Die in der Kraftfahrzeugordnung getroffene Regelung des Vorfahrtsrechts beschränkt sich nicht auf den Fall der Kreuzung der Fahrbahn eines Fahrzeugs auf dem Hauptverkehrsweg durch die Fahrbahn eines aus einem Seitenweg kommenden Fahrzeugs; sie enthält darüber hinaus die allgemeine Regel, daß in allen Fällen dem von rechts kommenden Fahrzeug das Vorfahrtsrecht zusteht. Diese Ergänzungsregel war im Streitfall anzuwenden. Da der Beklagte bei seinem Versuch, links einzubiegen die Fahrbahn des Klägers kreuzen mußte, dessen Fahrzeug bei der Begegnung das von rechts kommende war, so stand dem Kläger das Vorfahrtsrecht zu. An einer früher vertretenen abweichenden Rechtsauffassung wurde nicht mehr festgehalten. (VI, 12. Mai 1932.)*)

Amtl. Sammlg. S. 273—275.

Vgl. StS. Bd. 63 S. 263.

54. Schadenersatz. Mitverschulden. Ausgleich. Gesamthaftung. Wiedereinsetzung. Fristversäumnis. Nachträgliche Ergänzung. Zwischenurteil. (ZPO. §§ 233, 236, 294, 548; BGB. §§ 254, 426, 823, 831, 840.) Eine Straßenbahn überholte ein Holzfuhrwerk; durch ein aus diesem heraus-

*) Durch § 24 Abs. 4 der Neufassung der Kraftfahrzeugverordnung vom 10. Mai 1932 ist das Vorfahrtsrecht für den vorliegenden Fall so geregelt worden, daß das seine Fahrtrichtung beibehaltende Kraftfahrzeug die Vorfahrt hat (D. H.).

stehendes Brett wurde ein Fenster des Straßenbahnwagens eingestoßen und ein Fahrgast verletzt. Die Straßenbahngesellschaft, die den Fahrgast schadlos halten mußte, klagte gegen den Fuhrwerkseigentümer und den Fuhrmann auf Schadenersatz. Gegen ein von ihr erwirktes Versäumnisurteil legten beide Beklagte Einspruch ein; der Fuhrwerkseigentümer, der die Einspruchsfrist versäumt hatte, beantragte außerdem Wiedereinsetzung in den vorigen Stand. Das Landgericht lehnte den Antrag ab; das Kammergericht verwies durch Zwischenurteil die Sache zurück, worauf das Landgericht die Wiedereinsetzung bewilligte. In der Sache selbst gab das Landgericht der Klage gegen den Fuhrmann zur Hälfte statt und wies die weitergehenden Ansprüche, sowie die Klage gegen den Fuhrwerkseigentümer ab. Das Kammergericht verurteilte beide Beklagte als Gesamtschuldner zur Zahlung der Hälfte des geforderten Betrags. Die beiderseits eingelegten Revisionen blieben ohne Erfolg. Das Zwischenurteil des Kammergerichts konnte auch in der Revisionsinstanz noch nachgeprüft werden; wenn es auch keiner selbständigen Anfechtung durch die Revision unterlag, so konnte es doch mit dem Endurteil zusammen angefochten werden, nachdem der Rechtsstreit in zweiter Instanz zur Abgabe eines Endurteils gelangt war und der Gegner das Endurteil in einer die Zuständigkeit des Revisionsgerichts begründenden Weise angegriffen hatte. Ob der Wiedereinsetzungsbeschluß nachprüfbar war, konnte dahingestellt bleiben. Daß Entscheidungen, die eine Wiedereinsetzung gewähren, unanfechtbar sein sollen, ist nirgends gesagt. Gegen das Versäumnisurteil war Einspruch eingelegt worden; auf die Entscheidung über die Wiedereinsetzung und die Anfechtung dieser Entscheidung waren die Vorschriften anzuwenden, die für den Einspruch selbst galten. Über den Wiedereinsetzungsantrag mußte daher auf Grund mündlicher Verhandlung durch Urteil entschieden werden, und zwar durch Endurteil, wenn das Gesuch zurückgewiesen, durch Zwischenurteil oder im Endurteil, wenn ihm stattgegeben wurde. Der Beklagte hatte mit dem Antrag eidesstattliche Versicherungen zur Glaubhaftmachung seiner Angaben vorgelegt; in einem späteren Schriftsatz hatte er weitere Beweise angeboten. Das Landgericht hatte vor seiner Entscheidung die Beweise erhoben. Das war unzulässig. Die Mittel für die Glaubhaftmachung eines Gesuchs um Wiedereinsetzung in den vorigen Stand müssen innerhalb der für das Gesuch geltenden Frist bezeichnet werden; eine Beweisaufnahme, die nicht sofort stattfinden kann, ist unstatthaft. Das Berufungsgericht hob in seinem die Entscheidung des Landgerichts aufhebenden Zwischenurteil hervor, daß bei der Beweiswürdigung zwar nur die fristgemäß vorgebrachten Tatsachen gewürdigt werden dürften; es sei jedoch durch die von dem Beklagten vorgetragenen Tatsachen ein Gesamtbild entstanden, das von vorneherein erkennbar gewesen sei und nur noch durch Einzelheiten ergänzt wurde. Im übrigen würdigte das Berufungsgericht bei seiner Entscheidung nur die fristgemäß vorgebrachten Tatsachen. Die Revisionsrüge der Klägerin blieb erfolglos. Die Würdigung des tatsächlichen Vorbringens des Antragstellers, besonders der Glaubhaftmachungsmittel durch das Berufungsgericht, war der Nachprüfung des Revisionsgerichts entzogen; es hatte deshalb als glaubhaft gemacht zu erachten, daß der Beklagte von der Urteilszustellung keine Kenntnis hatte und ihn auch kein Verschulden dabei traf. Zur Frage der Schadensausgleichung hatte das Berufungsgericht angeführt, daß der Fuhrmann auf das Läuten des Straßenbahnwagenführers zu spät ausgewichen und ungeachtet der Gleiskrümmung nicht genügend weit nach rechts gefahren sei; andrerseits sei aber der Straßenbahnwagenführer, obwohl er den vorschriftswidrigen Zustand der Wagenladung erkannt habe, nicht langsam und sorgfältig weitergefahren. Diese Stellungnahme war nicht zu beanstanden. Für das Verschulden des Straßenbahnwagenführers haftete die Klägerin auf Grund des Haftpflichtgesetzes, so daß es auf die Frage, ob auch eine Haftung nach § 278 BGB. entstanden war, nicht mehr ankam. Das Berufungsgericht hatte das Verschulden des Fuhrmanns und das des Straßenbahnwagenführers als gleichwertig erachtet und die Beklagten nur für die Hälfte des Schadens als Gesamtschuldner haften lassen. Das war nicht rechtsirrig. Dem Geschädigten gegenüber hafteten die Beteiligten als Gesamtschuldner, im Innenverhältnis aber zu gleichen Teilen. Diese Anteilsbemessung wurde im Rahmen des § 254 BGB. dahin geändert, daß die Klägerin von den beiden Beklagten nicht je $1/3$, sondern im ganzen nur die

Hälfte des Schadens ersetzt verlangen konnte. Es standen sich in Wahrheit nicht drei, sondern nur zwei Ausgleichsparteien gegenüber: die Klägerin mit ihrer erhöhten Betriebsgefahr und der bei der Ausgleichung ebenfalls zu berücksichtigenden Haftung nach § 278 BGB. einerseits und das Verschulden des Fuhrmanns anderseits, während das Verschulden des Fuhrwerkeigentümers nur durch das des Fuhrmanns bedingt war; Geschäftsherr und Verrichtungsgehilfe bildeten der Klägerin gegenüber eine einheitliche Gruppe. Es stand nichts im Wege, unter solchen Umständen mehrere Ausgleichsverpflichtete auch dem nicht völlig befreiten Ausgleichsberechtigten gegenüber für den zu leistenden Ersatz samtverbindlich haften zu lassen. (IX, 23. April 1932.) Amtl. Sammlg. S. 276—288.
Vgl. Bd. 7 S. 326; Bd. 12 S. 373; Bd. 16 S. 378; Bd. 31 S. 402; Bd. 50 S. 360; Bd. 78 S. 124; Bd. 84 S. 415, 432; Bd. 87 S. 64; Bd. 92 S. 146.

55. **Vergleichsordnung. Bevorzugung. Besonderer Vorteil.** (VerglO. §§ 5, 96.) Die offene Handelsgesellschaft H. & V. stellte im November 1929 ihre Zahlungen ein. Einen Monat später gründete sie zusammen mit einem Kaufmann die H. & V. G. m. b. H., in welche sie ihre Exportagenturverträge in Höhe von 20000 *RM* als Geschäftsanteil einbrachte. Im Januar 1930 wurde das Vergleichsverfahren über die offene Handelsgesellschaft eingeleitet. In dem Vergleich nahm die G. m. b. H. eine Sonderstellung ein; während das übrige Vermögen der Gesellschaft zu Geld gemacht wurde, übernahm der Treuhänder der Gläubiger den Gesellschaftsanteil der offenen Handelsgesellschaft an der G. m. b. H. und erhielt von dem Geschäftsanteil des Kaufmanns weitere 5500 *RM*. Die auf diese Anteile entfallenden Gewinne sollten an die Gläubiger verteilt werden. Mit einer Gläubigerin der offenen Handelsgesellschaft hatten Verhandlungen stattgefunden, die damit endeten, daß der Kaufmann sich verpflichtete, an sie 25000 *RM* zu bezahlen; diese übertrug an ihn sämtliche Rechte an der G. m. b. H. Gegen die Klage auf Zahlung wandte der Kaufmann Nichtigkeit wegen Stimmkaufs ein. Die Untergerichte gaben der Klage statt; das Reichsgericht verwies die Sache zurück. Das Berufungsgericht hatte festgestellt, daß das Abkommen zwischen den Parteien zu dem Vergleich in Beziehung

stand; es vertrat jedoch die Ansicht, daß das Zahlungsversprechen für die Klägerin nur ein Beweggrund für ihre Zustimmung zum Vergleich, nicht aber eine Gegenleistung gewesen sei. Dabei war nicht geprüft worden, ob sich nicht schon aus § 5 Abs. 3 VerglO. eine Nichtigkeit des Abkommens ergab. Daß das Abkommen den Abschluß des Vergleichs beeinflußt hatte, stand fest; das genügte, um die Abmachung als Sonderabkommen neben dem Vergleich erscheinen zu lassen. Ob durch dieses Abkommen die Klägerin bevorzugt wurde, bedurfte noch näherer Feststellungen. Es genügte, wenn nach der Willenseinigung der Parteien ein besonderer Vorteil für die Zustimmung versprochen wurde, wobei es nichts ausmachte, daß die Vergütung (der besondere Vorteil) zugleich eine andere Leistung (hier das Überlassen der Beteiligung an der G. m. b. H.) abgolt. Daß das Verhalten der Klägerin von berechtigten wirtschaftlichen Überlegungen bestimmt war, rechtfertigte keine Bevorzugung durch ein Sonderabkommen, insbesondere kein solches, das die Gewährung des Vorzugs von der bejahenden Ausübung des Stimmrechts über den Vergleichsabschluß abhängig machte. Die Bevorzugung der Klägerin war nach ihrem Verhältnis zu den andern Gläubigern zu messen. Für das in Frage stehende Abkommen, in dem ein Ausschnitt aus dem gewöhnlichen Anteil eines Vergleichsgläubigers dem Zahlungsversprechen gegenüberstand, traf das mit der Vergleichung beider Leistungen zusammen. Darin, daß ein Gläubiger nicht dasselbe erhält wie ein anderer, liegt nicht schlechthin ein Vorzug oder ein besonderer Vorteil. Nach den vorliegenden Feststellungen war es nicht ausgeschlossen, daß die im Vergleich gewählte Art der Vergütung, weil sie den Fachbelangen des Großteils der Gläubiger angepaßt war, den andersartigen Interessen und der Lage der Klägerin zur Zeit des Vergleichsabschlusses so wenig gemäß war, daß eine Gleichstellung erst durch das streitige Abkommen erzielt wurde. Es liegt nicht im Sinn der Vergleichsordnung, durch die Anforderung starrer Gleichmäßigkeit das Zustandekommen eines Vergleiches zu erschweren, der, wie der vorliegende, der Eigenart der Masse sich anpaßt. Der Begriff der Bevorzugung und des besonderen Vorteils war daher nicht eng zu umgrenzen, wenn das Ziel des Gesetzes erreicht werden sollte, eine sachlich ungleiche Behandlung der Gläubiger möglichst in die Hand der Gläubigerschaft selbst zu legen. Es war daher besonders zu beachten, ob die zugesagte Geldvergütung nicht zum mindesten für einen Teil der andern Gläubiger ebenso wie für die Kläger der vergleichsmäßigen Beteiligung nach damaliger Beurteilung vorzuziehen war, wie überhaupt der besondere Geschäftswert einer Barzahlung, wie sie versprochen wurde, ins Gewicht fallen mußte. (VIII, 23. Mai 1932.) Amtl. Sammlg. S. 288—293.

Vgl. Bd. 28 S. 96; Bd. 61 S. 296; Bd. 72 S. 46.

56. Kredittäuschung. Knebelungsvertrag. Gute Sitten. Unerlaubte Handlung. Übermäßige Sicherung. (BGB. § 826.) Die W.K.-Textilwerke (W.K.T.) hatten im Jahre 1925 von mehreren Firmen große Warenlieferungen auf Kredit erhalten. Im November 1925 stellten sie die Zahlungen ein; im März 1926 wurde der Konkurs eröffnet. Die kreditgewährenden Firmen erlitten große Ausfälle, da der größte Teil der Aktiven zwei Banken verpfändet oder sicherungshalber übereignet worden war. Zehn Firmen klagten gegen die Banken auf Schadenersatz, da sie die W.K.T. in bewußtem und gewollten Zusammenwirken in eine völlige Abhängigkeit gebracht und zugleich dem Inhaber der Werke dafür Mittel zur Verfügung gestellt hätten, nach außen hin groß aufzutreten und den Anschein der Kreditwürdigkeit zu wahren. Das Landgericht erklärte die Ansprüche der Kläger dem Grunde nach für gerechtfertigt, während das Berufungsgericht die Klage gegen eine Bank zurückwies. Die Revision der Kläger führte zur Zurückverweisung. Für den Tatbestand der Kredittäuschung ist weder die Geheimhaltung der Abmachungen noch eine Knebelung des Schuldners erforderlich, wenn auch in vielen Fällen Kredittäuschung und Knebelung Hand in Hand gehen. Es genügt, wenn der Geldgeber gerade dadurch, daß er unter eigener Sicherung einem kreditunwürdig gewordenen Schuldner Kredit gewährt, andere arglistig darüber täuscht, daß der Schuldner durch die gewährten Sicherungen kreditunwürdig geworden ist. Selbst eine sehr scharfe Knebelung des Schuldners braucht an sich dessen gegenwärtige und künftige Gläubiger weder zu schädigen, noch zu gefährden; nur wenn diese Maßnahmen zugleich den Gläubigern die Mittel entziehen, die zu ihrer Befriedigung hätten dienen können, kann in ihnen eine unerlaubte Handlung gegen diese Gläubiger gefunden werden, aus der ein Schadenersatzanspruch abgeleitet werden kann. Die Knebelung allein kann nur die Folge haben, daß die sie begründenden Rechtsgeschäfte nach § 138 BGB. nichtig sind, ohne daß hiewegen Schadenersatzansprüche der Gläubiger geltend gemacht werden können. Ein Verstoß gegen die guten Sitten konnte darin liegen, daß der Bank die Kreditunwürdigkeit des Werks bekannt war und sie ihm trotzdem weiter Kredit gewährte, der — für sie erkennbar — nur eine augenblickliche Erleichterung verschaffte und dadurch verhinderte, daß die Kreditunwürdigkeit des Schuldners offenbar wurde. Die erstbeklagte Bank hatte sich gelegentlich der Einlösung eines Schecks eine Reihe von Außenständen der W.K.T. abtreten lassen; das Berufungsgericht hatte das nicht beanstandet. Es war jedoch dabei zu prüfen, ob nicht etwa durch die Einlösung des Schecks dem Schuldner die Möglichkeit gegeben wurde, den Anschein seiner Kreditwürdigkeit gegenüber den Lieferanten aufrecht zu erhalten. Selbst wenn die Bank bei der Stützung der W.K.T. auch auf die Weiterbeschäftigung der Arbeiter und Angestellten Rücksicht nahm, konnte das ihrem Verhalten nicht den Makel der Sittenwidrigkeit nehmen; die Stützung durfte nicht dazu benutzt werden, um auf Kosten anderer Gläubiger die eigenen Forderungen beizutreiben oder zu sichern. Auf den guten Glauben der Bank kam es dabei nicht an; der Täter braucht die Sittenwidrigkeit seines Tuns nicht zu kennen, wenn er nur die tatsächlichen Umstände kennt, die sein Handeln sittlich verwerflich machen. Außerdem wußte die Bank, daß die W.K.T. auch mit andern Banken in Geschäftsverbindung standen, welche Sicherheiten beanspruchten. Wenn sie über deren Höhe nicht genauer unterrichtet war, so mußte sie sich danach erkundigen; unterließ sie das, so handelte sie grob leichtfertig und damit sittenwidrig, wenn sie sich der Erkenntnis verschloß, daß durch ihre Sicherungsmaßnahmen mit denen anderer Sicherungsnehmer die ungesicherten Gläubiger geschädigt werden würden. (IX, 9. April 1932.)

Amtl. Sammlg. S. 293—299.

57. **Zeugenvernehmung. Fragerecht. Beweislast.** (ZPO. §§ 286, 357, 397.) In einer Ehesache wurde auf Antrag des beklagten Ehemanns eine Zeugin durch ein

polnisches Gericht vernommen; dieses teilte dem Prozeßgericht den Ort und Zeitpunkt der Vernehmung trotz Ersuchens nicht mit. Der Ehemann rügte diesen Verfahrensmangel, da er bei Kenntnis des Termins einen Anwalt zugezogen hätte und dadurch voraussichtlich ein anderes Ergebnis erzielt worden wäre. Das Berufungsgericht lehnte eine neuerliche Vernehmung der Zeugin ab. Die Revision des Beklagten hatte Erfolg. Die Vernehmung eines Zeugen oder Sachverständigen genügt dann nicht dem Gesetz, wenn die Parteien nicht rechtzeitig von dem Termin benachrichtigt wurden. Das Berufungsgericht hatte angenommen, es sei nicht dargetan, daß die Zeugin bei Anwesenheit des Beklagten andere Aussagen gemacht hätte. Damit waren aber an die Rüge des Beklagten zu hohe Anforderungen gestellt; eine weitere Beweislast außer der, daß die Zeugenvernehmung gesetzwidrig gewesen sei, war ihm nicht zuzumuten. (VII, 24. Mai 1932.)

Amtl. Sammlg. S. 299—301.

Vgl. Bd. 100 S. 174; Bd. 118 S. 384.

58. **Reichsanstalt für Arbeitsvermittlung. Dienstbezüge. Ruhegehaltsfähige Zulagen. Dienstalterszulage.** (ArbVermG. § 226; RVerf. Art. 129.) Der Leiter eines städtischen Arbeitsamts bezog ein Gehalt nach Gruppe A 2 b der preußischen Besoldungsordnung und eine ruhegehaltsfähige Zulage von jährlich 600 *RM*. Nach seiner Übernahme in den Dienst der Reichsanstalt für Arbeitsvermittelung wurde er als Vorstand eines Arbeitsamtes nach Gruppe A 2 c besoldet. Da seine Anträge auf Einreihung in eine Planstelle nach Gruppe A 2 b und auf Weitergewährung der Zulage abgelehnt wurden, klagte er auf Feststellung, daß er nach dieser Gruppe zu besolden und ihm die Zulage weiter zu gewähren sei. Die Klage drang in allen Rechtszügen durch. Das Reichsarbeitsgericht hat wiederholt grundsätzlich ausgesprochen, daß die aus einem Arbeitsnachweisamt in den Dienst der Reichsanstalt übernommenen Personen im Hinblick auf ihre ganze bis dahin ausgeübte Tätigkeit, und zwar in der Gesamtheit des Gewährten und des zu Gewährenden nicht schlechter gestellt oder zurückgesetzt werden sollen und daß ihr Dienstverhältnis als solches nicht ungünstiger gestaltet werden dürfe. Das gilt nicht nur für Zeitangestellte und Arbeiter, sondern mit der in § 226 Abs. 1 AVAVG.

vorgesehenen Einschränkung auch für übernommene Beamte. Zwar kann die Reichsanstalt ihren Beamten Dienstbezüge gewähren, die denen der Reichsbeamten angepaßt sind; gegenüber der Sondervorschrift des § 226 Abs. 1 S. 2 Halbsatz 1 AVAVG. in Verbindung mit dem die wohlerworbenen Rechte der Beamten schützenden Art. 129 RVerf. muß jedoch der Vereinheitlichungsgedanke zurücktreten. Der Kläger hatte daher nicht nur ein Recht auf die ruhegehaltsfähige Zulage, sondern auch auf die ihm erst künftig anfallenden Dienstalterszulagen. (III, 27. Mai 1932.) Amtl. Sammlg. S. 301—307.
Vgl. RAG. Bd. 6 S. 355; Bd. 7 S. 163, 326; Bd. 8 S. 45; Bd. 9 S. 262, 350, 359.

59. **Preußische Notariatsgebühren. Raterteilung. Gesetzesauslegung.** (PrNotGebO. §§ 12, 16.) Ein Notar hatte vor dem Kriege ein Testament beurkundet; im Jahre 1926 regte er die Fassung eines neuen zeitgemäßen Testaments an. Der Testant erwiderte darauf, er habe seinen Testamentsvollstrecker beauftragt, mit dem Notar darüber Rücksprache zu nehmen. Auf Grund dieser Besprechung fertigte der Notar einen neuen Entwurf an und änderte diesen nach verschiedenen Vorschlägen ab; zu einer Beurkundung kam es nicht, da über die Gebühren keine Einigung erzielt wurde. Die Klage auf Zahlung der gesetzlichen Gebühr für einen auf Erfordern gefertigten Testamentsentwurf wurde von den Untergerichten abgewiesen; die Revision des Notars hatte Erfolg. Ein Antrag auf Beurkundung war weder in dem Brief an den Notar enthalten, noch ging die Absicht eines solchen aus den später geführten Verhandlungen hervor. Wenn jedoch das Berufungsgericht als Voraussetzung der Anwendbarkeit des § 12 Abs. 1 S. 1 PrNotGebO. verlangte, daß der Notar als Urkundsperson in der Absicht in Anspruch genommen werde, ein bestimmtes Geschäft beurkunden zu lassen, so wurde damit etwas in das Gesetz hineingetragen, was nicht in ihm liegt. Die Fassung des Gesetzes ist so allgemein, daß sie mit Ausnahme der Beurkundung rechtsgeschäftlicher Erklärungen und der Fertigung von Entwürfen zu solchen alle andern Geschäfte in sich begreift, die zur Berufstätigkeit des Notars gehören. Das Berufungsgericht hatte weiterhin angenommen, daß § 16 a. a. O. nicht anwendbar sei auf eine bloß vorbereitende Tätigkeit, die

nur dazu dienen soll, ein vom Notar selbst angeregtes Geschäft zu ermöglichen. Die Raterteilung durch den Notar ist aber nur dann eine vorbereitende Tätigkeit, wenn bereits eine Beurkundung oder die Fertigung eines Entwurfs ins Auge gefaßt ist; trifft das nicht zu, so kann in der Raterteilung an sich sehr wohl ein selbständiges gebührenpflichtiges Hauptgeschäft liegen. (III, 24. Mai 1932.)

Amtl. Sammlg. S. 307—310.

60. Reichsbeamte. Reichshilfe. Gehaltseinbehaltung. Rechtsweg. (RVerf. Art. 129; RAbgO. § 227; NotVO. vom 26. Juli 1930 Abschn. I Titel 1, 2.) Ein in den einstweiligen Ruhestand versetzter Reichsbeamter klagte auf Zahlung der ihm von seinem Gehalt abgezogenen Reichshilfe; er bestritt die Rechtsgültigkeit der Notverordnung vom 26. Juli 1930. Die Klage wurde in allen Rechtszügen abgewiesen. Es handelte sich nicht um einen vermögensrechtlichen Anspruch des Klägers, sondern um einen vom Reich erhobenen Steueranspruch. Dieser Steuercharakter ergab sich schon aus der äußerlichen Regelung der Verordnung, die an das Einkommensteuergesetz anknüpft. Daß im vorliegenden Fall der Steuergläubiger zugleich auch Schuldner der Bezüge war, machte nichts aus; auch Länder- und Gemeindebeamte müssen die Reichshilfe entrichten, ohne daß dadurch eine Verringerung der Personallasten ihrer Dienstherren eintritt. Da es sich um eine Steuersache handelte, war der Rechtsweg vor den ordentlichen Gerichten ausgeschlossen. Das verstößt nicht gegen die Reichsverfassung, da diese den Rechtsweg nur für vermögensrechtliche Ansprüche der Beamten aus ihrem Dienstverhältnis eröffnet. Die Frage, ob die Bestimmungen über die Reichshilfe in die wohlerworbenen Rechte der Beamten eingriffen, war daher von den Steuerbehörden zu prüfen; der Reichsfinanzhof hatte sie bereits verneinend beantwortet. (III, 27. Mai 1932.)

Amtl. Sammlg. S. 310—313.

Vgl. RFH. Bd. 27 S. 321; Bd. 28 S. 208.

61. Aktiengesellschaft. Vollverschmelzung. Sonderleistungspflichten. (HGB. §§ 276, 306.) In den Satzungen einer Aktiengesellschaft, die eine Zuckerfabrik betrieb, waren den Aktionären als Sonderleistungen eine Rübenanbau- und Ablieferungspflicht vorgeschrieben. Es wurde die Vollverschmelzung mit einer anderen Aktiengesellschaft beschlossen, wobei den Aktionären wiederum die Sonderleistungspflichten obliegen sollten. In der Generalversammlung stimmte die erforderliche Mehrheit für die Verschmelzung; einige Aktionäre stimmten nur unter dem Vorbehalt dafür, daß die Rübenlieferungspflicht in Wegfall kommen solle. Der Verschmelzungsbeschluß wurde im Handelsregister eingetragen. Als einer der Aktionäre seiner Lieferungspflicht nicht nachkam, klagte die neue Aktiengesellschaft gegen ihn auf Lieferung und Zahlung der satzungsgemäßen Vertragsstrafe. Das Landgericht verurteilte durch Teilurteil zur Lieferung; das Berufungsgericht wies die Klage ab. Die Revision der Klägerin führte zur Wiederherstellung des landgerichtlichen Urteils. Die Rechtswirksamkeit des Verschmelzungsbeschlusses war vom Berufungsgericht mit Recht bejaht worden; mit seiner Eintragung im Handelsregister war der Beklagte ohne weiteres Aktionär der klagenden Gesellschaft geworden, und zwar in dem im Verschmelzungsvertrag festgelegten Verhältnis. Das ihm obliegende Sonderleistungsverhältnis war gesellschaftsrechtlicher Natur; die daraus für die Aktiengesellschaft fließenden Rechte waren daher nicht abtretbar. Für den Fall der Vollverschmelzung trat jedoch eine Gesamtrechtsnachfolge, ähnlich der Erbfolge ein; es besteht keine gesetzliche Vorschrift, wonach in einem solchen Fall das Sonderleistungsverhältnis enden soll. Auch aus dessen Rechtsnatur konnten durchschlagende Bedenken nicht abgeleitet werden. Das Recht auf diese Leistungen gehörte zum Vermögen der Gesellschaft; daß es sich um entgeltliche Leistungen handelte, änderte daran nichts. Als Naturalleistungen haben sie allerdings ihre Besonderheit; ihr Inhalt wird durch die örtliche Lage der Fabrik und durch technische Einzelheiten bestimmt. Sie mußten deshalb in der Satzung der aufnehmenden Gesellschaft neu geregelt und der veränderten Sachlage angepaßt werden. Ohne Zustimmung der betroffenen Aktionäre durften sie grundsätzlich weder erhöht noch erschwert werden; es war der Eigenart dieses Rechtsvorgangs und den Verhältnissen Rechnung zu tragen. Allein schon bei der früheren Gesellschaft waren einzelne Mitglieder wegen der Verschiedenheit der Entfernung von der Fabrik oder der Beschaffenheit des Bodens stärker belastet gewesen, als andere. Auch bei Änderungen durch Verschmelzungen läßt sich das nicht

immer vermeiden. Das mußte bei der rechtlichen Würdigung berücksichtigt werden; jeder Aktionär mußte für sich beurteilt werden, und zwar so, daß keiner sich seiner Leistungspflicht schon um deswillen entziehen konnte, weil ein anderer, wenn auch mit Recht, der Satzungsänderung widersprochen hatte. Die Satzung braucht die Sonderleistungen nicht nach jeder Richtung hin zu bestimmen; tut sie das, so liegt doch eine gewisse Biegsamkeit und Abänderlichkeit im Wesen der Sache selbst. Eine Befreiung von der Naturalleistungspflicht konnte nur dann verlangt werden, wenn ein Zurückgreifen auf die frühere Satzung nicht möglich war oder von der übernehmenden Gesellschaft verweigert wurde. In der ersten Satzung war jedoch von einem Erlöschen der Sonderleistungspflicht im Fall einer Verschmelzung der Gesellschaft mit einer anderen nicht die Rede. Durch die neuen Lieferungsbedingungen waren dem Beklagten auch weder rechtliche Erschwerungen noch größere Frachtkosten zugemutet worden. (II, 27. Mai 1932.)
Amtl. Sammlg. S. 313—319.
Vgl. Bd. 87 S. 261.

62. **Patentverletzung. Schadenersatz.** (PatG. §§ 6, 35.) Ein Patentinhaber schloß mit zwei Firmen einen Lizenzvertrag gegen Zahlung einer einmaligen Entschädigung und einer laufenden Umsatzabgabe. Von anderer Seite wurde das Patent verletzt. Die Klage des Inhabers auf Schadenersatz drang durch. Wenn anzunehmen ist, daß die vom Patentverletzer hergestellten Anlagen ohne die Patentverletzung vom Lizenznehmer hergestellt worden wären, so ist der Patentinhaber dadurch unmittelbar geschädigt; die Lizenzbeträge, die er in diesem Fall nicht erhalten hat, sind als entgangener Gewinn zu bewerten. Der Lizenznehmer hat gegen den Patentverletzer nur Ansprüche in Höhe des ihm erwachsenen Schadens, von dem er die Entschädigung abziehen muß, die er dem Patentinhaber zu zahlen gehabt hätte. Der Patentinhaber entäußert sich durch die ausschließliche Lizenzübertragung nicht völlig seines Patentrechts, sondern bleibt Inhaber, so daß ihn eine Patentverletzung neben dem Lizenznehmer trifft. (I, 28. Mai 1932.) Amtl. Sammlg. S. 320—321.

63. **Aufwertungsausgleich. Zwangsversteigerung. Aufrechnung. Buchhypothek. Vertragsauslegung.** (BGB. §§ 242, 392; AufwG. §§ 2, 17; ZVG. § 118). Auf einem

Grundstück war für eine Sparkasse eine Vorkriegshypothek in Höhe von 38400 ℳ eingetragen. Sie wurde im Jahre 1922 von A. zum Nennbetrag erworben; auf Grund einer Abtretungserklärung vom November 1924 wurde sie im Dezember 1924 im Grundbuch umgeschrieben. Im Jahre 1927 erwirkte die Sparkasse für sich als frühere Hypothekgläubigerin die Eintragung eines Aufwertungsbetrags von 9600 RM; mit Rücksicht auf die Abtretung der Hypothek an A. wurde von Amts wegen zu dessen Gunsten ein Widerspruch vermerkt. Im Zwangsversteigerungsverfahren über das Grundstück wurde auf die Hypothek der volle Aufwertungsbetrag zugeteilt; da die Ansprüche des A. jedoch von mehreren Gläubigern gepfändet worden waren, erhielten diese den Anspruch, darunter B. einen solchen auf 5700 RM. Der Grundstückersteigerer C. erhob dagegen Widerspruch, da ihm die Sparkasse ihre Ansprüche aus der Aufwertungshypothek abgetreten habe. Da er den Betrag nicht zahlte, übertrug der Verteilungsrichter die Forderung gegen ihn an die Berechtigten; er ließ im Grundbuch eintragen, daß die Hypothek von 5700 RM dem C. zustehe, falls er mit seiner Widerspruchsklage Erfolg habe, sonst aber dem B. Nachdem C. mit seiner Klage unterlegen war, wurde im Grundbuch vermerkt, daß ihm an der Hypothek kein Recht mehr zustehe. B. klagte nunmehr gegen C. auf Zahlung der 5700 RM und 400 RM Verzugsschaden. C. erhob Widerklage auf Einwilligung in die Hypotheklöschung. Das Landgericht wies die Klage ab und gab der Widerklage statt; die Revision des Klägers blieb erfolglos. Das Landgericht hatte zwar das Recht des Klägers auf die Hypothek anerkannt, jedoch der Widerklage stattgegeben, da der Beklagte seine Schuld durch Aufrechnung mit einer ihm von der Sparkasse abgetretenen persönlichen Ausgleichsforderung gegen den Kläger getilgt habe. Eine solche Aufrechnung war zulässig. Der persönliche Ausgleichsanspruch der Sparkasse war dadurch entstanden, daß A. die Hypothek von ihr für einen Wert von 24 GM erworben hatte und später eine Aufwertung auf 9600 GM verlangte, während die Sparkasse, welche die Hypothekenvaluta vor dem Kriege vollwertig gegeben hatte, infolge des Umstandes, daß die Hypothekabtretung erst nach dem 13. Februar 1924 durch die Eintragung rechtswirksam geworden war, keinerlei

Aufwertung erhielt. Dieser Ausgleichsanspruch beruhte nicht auf dem dinglichen Abtretungsvorgang, sondern auf dem zugrunde liegenden Schuldrechtsgeschäft. Wenn die Sparkasse von der ihr zustehenden Möglichkeit, die Abtretung von einer Erhöhung des Kaufpreises abhängig zu machen, keinen Gebrauch gemacht hatte, so rechtfertigte das noch keine Verweigerung des Ausgleichsanspruches. Es war darin auch kein Verzicht zu erblicken, da eine Möglichkeit der Kaufpreiserhöhung damals gar nicht erkannt wurde. Die Sparkasse hatte dem Beklagten die ihr aus der Aufwertungshypothek zustehenden etwaigen Rechte allen Umfangs abgetreten; das Landgericht hatte das mit Recht dahin ausgelegt, daß darin der Ausgleichsanspruch auch dann enthalten war, wenn die Vertragsbeteiligten weder an ihn dachten, noch er ihnen überhaupt bekannt war. Die Ausgleichspflicht des A. bestand seit dem Inkrafttreten des Aufwertungsgesetzes; seit der Abtretung des Anspruches an den C. stand er diesem persönlich gegen A. zu. Zwischen C. und A. bestand aber in Wirklichkeit keine Aufrechnungslage, da zwar in der Zeit zwischen Versteigerung und Erlösverteilung das durch den Zuschlag erloschene dingliche Recht des A. am Grundstück als Recht auf Befriedigung am Erlös fortdauerte, aber kein Forderungsrecht des A. gegen C. bestand, nachdem die Forderung gegen den Ersteher nicht auf ihn, sondern auf B. übertragen wurde. Die Aufrechnung des C. mit der gegen A. bestehenden Forderung war zulässig, da B. seine Rechtsstellung auf der des A. aufbaute. Sachlich steht der Pfändungsgläubiger im Recht an Stelle des Pfandschuldners; er muß sich eine Aufrechnung daher ebenso gefallen lassen, wie dieser es müßte, wenn die Forderung nicht gepfändet worden wäre. Die Forderung mußte auch im Verhältnis des Beklagten zum Kläger als Pfändungsgläubiger für zulässig erachtet werden. Zwar war die dem Kläger zugewiesene Forderung gegen den Beklagten, für welche später die Hypothek bestellt wurde, in seiner Person neu entstanden; sie stand aber doch in nahem Zusammenhang mit dem früheren Hypothekenrecht und dem Erlösanspruch des A. Die Berücksichtigung dieses Zusammenhangs rechtfertigte die Zulassung der Aufrechnung dem Kläger gegenüber, wie sie ohne die Pfändung gegen den A. möglich gewesen wäre. Da durch die Aufrechnung die der Sicherungshypothek zugrundeliegende Ersteherschuld des Beklagten getilgt war, war die Hypothek zu einer Eigentümergrundschuld des C. geworden. (I, 28. Mai 1932.)

Amtl. Sammlg. S. 321—327.

Vgl. Bd. 72 S. 344; Bd. 84 S. 8; Bd. 121 S. 263; Bd. 125 S. 367; Bd. 127 S. 355; Bd. 131 S. 303.

64. Lästiges Veräußerungsgeschäft. Stempelsteuer. Gesetzesauslegung. (PrStStG. TarSt. 7.) Einem Bankdirektor wurden das tote und lebende Inventar eines Rittergutes sowie ausstehende Forderungen im Betrag von 15000 *RM* vertraglich als Treuhänder übertragen, damit er sie während eines Vergleichsverfahrens verwalte. Nach Bestätigung des Vergleichs ging alles auf ihn über. Das Finanzamt forderte für die erste Übertragung die Stempelabgabe für lästige Veräußerungsgeschäfte ein. Mit der Behauptung, daß nur der Stempel für Abtretungen und der Vertragsstempel zu erheben gewesen wäre, wurde auf Rückzahlung des diesen übersteigenden Betrags geklagt. Die Klage drang in allen Rechtszügen durch. Das Reichsgericht hielt seine bisher vertretene Ansicht, daß die Tarifstelle 7 mit Ausnahme der Zwangsversteigerung nur gegenseitige Verträge erfasse, aufrecht. Die Bestimmung gilt für Kauf- und Tauschverträge und andere lästige Veräußerungsgeschäfte enthaltende Verträge einschließlich der gerichtlichen Zwangsversteigerungen. Das Wort „einschließlich" ist unscharf; es stellt nur die Form einer Anknüpfung dar. Selbst wenn man die genannten Begriffe unter dem Oberbegriff der lästigen Geschäfte zusammenfassen wollte, ist es nicht ausgeschlossen, daß sie — sei es allein oder mit anderen zusammen — auch unter einem anderen Oberbegriff zusammengefaßt werden könnten. Auch die Tatsache, daß in dieser Bestimmung im Gegensatz zu Tarifstelle 14 nicht ausdrücklich von gegenseitigen Verträgen die Rede ist, läßt nicht den Schluß zu, daß hier etwas anderes, als gegenseitige Verträge gemeint sei; die Ausdrucksweise des Stempelgesetzes ist nicht überall so scharf zugefeilt, wie die des Bürgerlichen Gesetzbuches. In dem früher geltenden Gesetz enthielt die entsprechende Tarifstelle nur Kauf-, Tausch- und Lieferungsverträge sowie die Verträge über Hingabe an Zahlungs Statt; diese sind die Urbilder des gegenseitigen Vertrags. Stellte das Gesetz eine andere Vertragsgruppe neben diese Urbilder, so war anzunehmen, daß auch diese Gruppe nur gegenseitige Verträge umfassen solle; sollte sich diese Gruppe lediglich mit Verträgen über lästige Veräußerungen befassen, so lag dieser Gedanke noch näher. Wird diese Gruppe aber sogar durch das Wort „andere" mit den Urbildern des gegenseitigen Vertrags — dem Kauf- und Tauschvertrag — verbunden, so bedürfte es einer ausdrücklichen Gesetzesbestimmung, wenn man unter dieser Gruppe nicht nur gegenseitige Verträge begreifen sollte. In der Sprechweise der damaligen preußischen Rechtsgebiete verstand man außerdem unter lästigen Verträgen gegenseitige Verträge. Auch aus der Stempelberechnung aus dem Kaufpreis oder dem Gesamtwert der Gegenleistung ergibt sich, daß in den Fällen, die unter diese Tarifstelle fallen, stets eine Gegenleistung in Frage stehen muß; bei der Zwangsversteigerung haben als solche das Meistgebot und die bestehenbleibenden Rechte zu gelten. (VII, 3. Juni 1932.)

Amtl. Sammlg. S. 327—332.

Vgl. Bd. 47 S. 303; Bd. 60 S. 238; Bd. 83 S. 50; Bd. 127 S. 23.

65. **Preußische Studienassessoren. Lebenslängliche Anstellung. Dienstentlassung. Wohlerworbene Rechte.** (Pr.-DiszG. vom 21. Juli 1852 § 83; PrAnwO. §§ 2, 21; RVerf. Art. 129.) Ein preußischer Studienassessor war durch Ministerialerlaß in die Anwärterliste aufgenommen worden; er wurde in der Folgezeit bei einer staatlichen Schule beschäftigt. Auf eine Beanstandung seiner Unterrichtstätigkeit hin wurde er vom Provinzialschulkollegium aus dem höheren Schuldienst entlassen und in der Anwärterliste gestrichen. Er klagte auf Weiterzahlung seiner Dienstbezüge, da er auf Grund der Aufnahme in die Anwärterliste lebenslänglich angestellter Beamter geworden sei und nur auf Grund eines Disziplinarverfahrens entlassen werden konnte. Die Klage drang durch. Nach § 21 der Anwärterordnung kann ein Studienassessor ohne Antrag aus dem öffentlichen höheren Schuldienst durch das Provinzialschulkollegium gemäß § 83 DiszG. entlassen werden; ein förmliches Disziplinarverfahren ist demgemäß nicht erforderlich. Diese Bestimmung kann jedoch nur bei den auf Probe, auf Kündigung oder sonst auf Widerruf angestellten Beamten Anwendung finden. Zu diesen Beamten zählen nicht auch solche, bei denen der Widerruf

der Anstellung oder die Möglichkeit der Kündigung auf die Fälle der mangelhaften Dienstführung oder hervorgetretener Dienstunwürdigkeit beschränkt sind. Da § 21 AnwO. nur einen auf Disziplinarfälle beschränkten Kündigungsvorbehalt ausspricht, genügte das nicht zu der Annahme, daß Studienassessoren als Kündigungsbeamte anzusehen sind. Der beklagte Staat hatte geltend gemacht, daß den Studienassessoren bei der Übermittelung der Erkennungsurkunde schriftlich zu eröffnen ist, daß durch die Ernennung ein Recht oder eine Anwartschaft auf Beschäftigung im höheren Schuldienst, auf Aufnahme in die Anwärterliste oder auf Anstellung nicht begründet werde; darin liege der Vorbehalt des Widerrufs der Ernennung. Eine feste Anstellung trete erst mit der Ernennung zum Studienrat ein; durch die Aufnahme in die Anwärterliste werde der Vorbehalt nicht widerrufen. Dem trat das Reichsgericht nicht bei. Daß nichtplanmäßige Beamte nicht ohne weiteres Kündigungsbeamte sind, war bereits früher entschieden worden. Die Anstellung der Beamten erfolgt in der Regel auf Lebenszeit, soweit nicht gesetzlich etwas anderes bestimmt ist; Ausnahmen bedürfen einer besonderen Rechtfertigung. Der allgemeine Vorbehalt des Widerrufs oder der Kündbarkeit muß klar hervortreten und ist nur dann beachtlich, wenn er dem einzelnen Beamten gegenüber bestimmt und zweifelsfrei bei oder vor der Anstellung oder sonst wenigstens durch allgemeine Vorschrift ausgesprochen worden ist. Unklarheiten gehen zu Lasten der anstellenden Dienstbehörde. Die außerplanmäßige Anstellung hat zwar vermögensrechtliche Verschiedenheiten zur Folge, über die Dauer des Beamtenverhältnisses und die Art seiner Lösbarkeit sagt sie aber nichts. Aus der Tatsache, daß ein Studienassessor keinen Rechtsanspruch auf Anstellung als Studienrat hat, folgt noch nicht, daß er jederzeit entlassen werden kann. Bei der Anstellung des Klägers fehlte es an einer allgemeinen Vorschrift, aus der auf die Widerruflichkeit der Anstellung geschlossen werden konnte; da auch kein besonderer Vorbehalt erfolgte, war er auf Lebenszeit angestellt und seine Entlassung konnte nicht ohne formelles Disziplinarverfahren erfolgen. (III, 24. Mai 1932.)

Amtl. Sammlg. S. 332—339.

Vgl. Bd. 121 S. 353.

66. Landkreis. Gebietsteilung. Rechtsnachfolge. Schuldenhaftung. Versailler Vertrag. (VersVertr. Art. 88, 256.) Ein Mann starb im Jahre 1917 an Trichinenvergiftung. Die Klage der Hinterbliebenen gegen den Kreiskommunalverband Lublinitz, aus dessen Kreisschlachthaus das Fleisch geliefert war, wurde dem Grunde nach für gerechtfertigt erklärt; das Urteil wurde im Jahre 1925 rechtskräftig. Bei der Teilung Oberschlesiens war der Landkreis zum großen Teil an Polen gefallen; dem Restkreis wurden einige Bezirke gleichfalls zerstückelter Kreise zugeschlagen und ein neuer Name gegeben. Gegen diesen Kreis wurde das Verfahren fortgesetzt. Bei der Verhandlung über die Schadenshöhe war er durch einen Anwalt vertreten; auf dessen Einwand der mangelnden Passivlegitimation des Beklagten wurde die Klage abgewiesen. Der Kläger legte Berufung ein; die Berufungsschrift wurde dem Anwalt rechtzeitig zugestellt. Im Berufungstermin, auf dem der Beklagte nicht vertreten war, wurde durch Versäumnisurteil das erste Urteil aufgehoben und der Anspruch gegenüber dem verklagten Kreis für gerechtfertigt erklärt; das Urteil wurde rechtskräftig. Durch weiteres landgerichtliches Urteil, das ebenfalls Rechtskraft erlangte, wurde der neue Kreis zur Zahlung einer Rente an die Hinterbliebenen verurteilt. Der Kreis nahm den Anwalt in Anspruch; dieser wandte ein, daß der Kreis nur aus eigenem Verschulden unterlegen sei. Das Berufungsgericht wies die Klage des Kreises auf Befreiung von den Rentenverpflichtungen ab; das Reichsgericht verwies die Sache zurück. Entscheidend für den Ausgang des Rechtsstreits war die Frage, ob der klagende Kreis als Rechtsnachfolger des alten Landkreises für die Schadenersatzansprüche der Hinterbliebenen anzusehen war. Der frühere Kreis hatte zwar durch die Abtretung des größten Teiles an Polen als öffentlich-rechtlicher Verband aufgehört zu bestehen und seine Rechtspersönlichkeit war erloschen. Damit konnten aber nur die Rechte und Pflichten untergehen, die an den Bestand des Kreises als solchen gebunden waren; privatrechtliche Verwaltungsschulden, wie die hier erhobenen Ansprüche, fielen hierunter nicht. Diese gingen bei eintretendem Wechsel der staatlichen Herrschaft auf den Rechtsnachfolger über. Im vorliegenden Fall war eine Rechtsnachfolge für den früheren Kreis weder durch Gesetz, noch durch völkerrechtlichen Vertrag geregelt worden. Da immerhin ein Drittel des alten Landkreises bei Deutschland geblieben war, konnte nicht von einem Übergang der Verbandspersönlichkeit auf den polnischen Staat gesprochen werden. Auch für eine Gesamthaftung öffentlicher Verbände, die aus einzelnen zerschlagenen Gebietsteilen gebildet wurden, fehlte es an einer genügenden Rechtsgrundlage. Als nächstliegende Lösung konnte daher nur eine Rechtsnachfolge in verhältnismäßige Teile der Schulden in Frage kommen. Da gewisse Gebietsteile beim Restkreis geblieben waren, traf sie anteilig auch ein entsprechender Teil der allgemeinen Verwaltungsschulden. Da das angefochtene Urteil ohne genügende Rechtsgrundlage von einer Rechtsnachfolge des Klägers in die gesamte Schuld des früheren Landkreises ausgegangen war, unterlag es der Aufhebung; bei der neuerlichen Prüfung des Verteilungsmaßstabes der Schulden konnten außer dem Größenverhältnis der Gebietsteile auch Steuerkraft und Übergang werbender Anlagen von Bedeutung sein. (III, 24. Mai 1932).

Amtl. Sammlg. S. 339—345.

Vgl. Bd. 110 S. 315; Bd. 113 S. 83, 281.

67. **Reichsversicherungsordnung. Bevollmächtigter. Unfallversicherungsbehörden. Bindung der Gerichte. Gesetzesauslegung.** (RVO. §§ 898, 899, 901, 903.) Ein Kraftwagenführer war bei einer Fahrt, bei der die Tochter seines Dienstherrn, die ebenfalls den Führerschein besaß, den Wagen steuerte, verletzt worden. Die Berufsgenossenschaft sah den Unfall als Betriebsunfall an und billigte ihm für die erste Zeit eine Vollrente, für später Teilrenten zu. Er klagte gegen die Lenkerin des Kraftwagens auf Ersatz seines Verdienstausfalls und Schmerzensgeld. Die Untergerichte hatten die Klage abgewiesen; das Reichsgericht verwies die Sache zurück. Daß ein entschädigungspflichtiger Unfall vorlag, war von den Versicherungsbehörden mit bindender Wirkung für die ordentlichen Gerichte festgestellt; die Frage, ob dem Kläger daneben noch bürgerlich-rechtliche Ansprüche gegen die Beklagte zustanden, war dadurch nicht berührt worden. Die Beklagte hatte eingewandt, sie sei Bevollmächtigte ihres Vaters gewesen und hafte daher nur für Vorsatz. Das Berufungsgericht hatte diese Eigenschaft bejaht, da es der Lebens-

erfahrung entspreche, daß der Vater als Halter des Personenwagens von Zeit zu Zeit seinen erwachsenen Kindern die Benutzung und Führung des Wagens überlasse, wenn diese nach Bestehen der Fahrprüfung den Führerschein erhalten hatten. Daraus konnte aber noch nicht hergeleitet werden, daß die Beklagte die Stellung eines Bevollmächtigten hatte. Dieser Begriff erfordert mehr; der Bevollmächtigte muß berechtigt sein, im Rahmen des Betriebs selbständig für den Unternehmer, sei es auch unter dessen Oberaufsicht zu handeln; er muß eine mit einem gewissen Pflichtenkreis verbundene Stellung im Betrieb einnehmen. Dafür spricht auch die Entstehungsgeschichte des Unfallversicherungsgesetzes, dessen Bestimmungen für diesen Fall von der Reichsversicherungsordnung übernommen wurden. Die Entlastung des Betriebsunternehmers soll eine Gegenleistung dafür sein, daß er die Lasten der Unfallversicherung allein zu tragen hat. Der Bevollmächtigte haftet zwar als solcher nicht für die Kosten der Unfallversicherung, wohl aber kann gegen ihn Regreß genommen werden. Eine Grundlage für eine solche Haftung ist aber nur dann gegeben, wenn ihm bestimmte Pflichten im Betrieb obliegen, bei deren Vernachlässigung er haftbar gemacht werden kann. Der Berechtigung, den Unternehmer in gewissem Umfang zu vertreten, wird daher auch die Pflicht gegenüberstehen müssen, insofern auch für ihn tätig zu werden. Daß die Klägerin keine betriebsfremde Person war, konnte zugegeben werden; für die Feststellung des Vorliegens eines Betriebsunfalls war das ausreichend. War die Berufsgenossenschaft darüber hinaus der Ansicht, daß die Klägerin die Stellung einer Bevollmächtigten hatte, so war das Gericht an diesen Entscheidungsgrund nicht gebunden. Nach den bisherigen gerichtlichen Feststellungen war jedenfalls nicht dargetan, daß die Beklagte einen fest umrissenen Wirkungskreis im väterlichen Betriebe besorgte, der ihr etwa eine selbständige Überwachung des Kraftwagenführers auch außerhalb der von ihr unternommenen Fahrten übertrug oder ihr die Verfügung über die jeweilige Verwendung des Wagens gab. In der Gestattung und der bloß freiwilligen Übernahme einzelner kurzer Ausfahrten konnte eine solche Bevollmächtigung nicht gefunden werden. (VI, 30. Mai 1932.) Amtl. Sammlg. S. 345—353.

Vgl. Bd. 92 S. 296; Bd. 93 S. 223; Bd. 96 S. 135; Bd. 102 S. 131; Bd. 111 S. 159.

68. Vorerbe. Rechtsstellung. Rechtsmittelbeschränkung. Verfügung über Hypotheken. (BGB. §§ 2111, 2113, 2114, 2134; ZPO. §§ 514, 566.) Ein Ehemann betrieb nach dem im Jahre 1903 erfolgten Tode seiner Frau auf Grund eines Erbscheins, der ihn als den alleinigen Erben auswies, aus einer zum Nachlaß gehörigen Hypothek die Zwangsversteigerung in ein Grundstück und erhielt mit 7000 Mark den Zuschlag. Später wurde der Erbschein eingezogen und ihm ein neuer erteilt, wonach er Vorerbe und seine Kinder Nacherben waren. Im Jahre 1907 heiratete er wieder. Das Grundstück wurde im Jahr 1920 auf den Namen seiner zweiten Frau eingetragen; in einem 1921 geschlossenen Ehevertrag wurde es als Vorbehaltsgut der Ehefrau erklärt. Nach seinem Tode klagten die Kinder aus erster Ehe auf Herausgabe des Grundstücks, hilfsweise auf Zahlung von 25000 *RM*. Das Landgericht gab der Klage in Höhe von 6900 *RM*, das Berufungsgericht in Höhe von 1560 *RM* statt. Die Revision der Kläger hatte keinen Erfolg. In der Revisionsschrift hatten sie erklärt, den Übereignungsanspruch nicht weiter verfolgen zu wollen; im Gegensatz hiezu begehrten sie in der Revisionsbegründungsschrift in erster Linie die Übereignung, hilfsweise Zahlung von Wertersatz. Einer sachlichen Prüfung konnte nur mehr der Hilfsantrag unterzogen werden. Mit der Erklärung in der Revisionsschrift hatten die Kläger den Umfang des Rechtsmittels endgültig und unzweideutig auf die Zahlungsansprüche beschränkt; darin lag ein Verzicht auf das Rechtsmittel in dieser Hinsicht und das Berufungsurteil war daher insoweit rechtskräftig geworden. Das Berufungsgericht war mit Recht davon ausgegangen, daß das Grundstück uneingeschränktes Eigentum des Vaters geworden war. Der Erwerb war nicht auf Grund eines zur Erbschaft gehörigen Rechts erfolgt, sondern beruhte lediglich auf dem Zuschlag. Dieser Erwerb ist ursprünglich und nicht abgeleitet; er gründet sich insbesondere nicht auf Rechte, die am Grundstück vor dem Zuschlag bestanden. Eine abweichende Beurteilung ist auch dann nicht gerechtfertigt, wenn der die Zwangsversteigerung betreibende Hypothekgläubiger Ersteher des Grundstücks wird. Es lag auch kein Erwerb aus Mitteln der

Erbschaft vor, da der Erwerb durch Zuschlag kein rechtsgeschäftlicher ist. Der Antrag auf Einleitung eines Zwangsversteigerungsverfahrens war auch noch keine Verfügung über die Hypothek, wenn er auch zwar zum Erlöschen der Hypothek führte; er war vielmehr nur ein Akt der dem Vorerben zustehenden Verwaltung des Nachlasses und fiel unter den Begriff der Einziehung einer Hypothekenforderung. Das Kapital hätte allerdings für den Vorerben und die Nacherben hinterlegt werden müssen; wenn der Vater die zum Nachlaß gehörige Forderung auf Auszahlung des Erlöses zur Aufrechnung gegen die Forderung auf Zahlung des Steigerungspreises verwendete, war er und waren seine Erben ersatzpflichtig. Da der Vater sich zur Zeit des Versteigerungsantrags für den unbeschränkten Erben hielt und auf Grund des erteilten Erbscheins ohne Fahrlässigkeit sich dafür auch halten durfte, so konnte ihm aus der Tatsache kein Vorwurf gemacht werden, daß er die Hypothek möglichst niedrig ausbot, um das Grundstück billig zu erhalten und die Versteigerungskosten herabzudrücken. (IV, 26. Mai 1932.)

Amtl. Sammlg. S. 353—359.

69. **Bestechung von Angestellten. Schmiergelder. Gute Sitten. Beweislast. Beweis des ersten Anscheins.** (BGB. § 138.) Vereinbarungen, welche Angestellte, Bevollmächtigte oder sonstige Vertreter einer Partei im Einverständnis mit dem Vertragsgegner zum eigenen Vorteil und zum Nachteil und hinter dem Rücken des Geschäftsherrn treffen, sind nicht nur selbst als gegen die guten Sitten verstoßend nichtig, sondern können auch das Hauptgeschäft als sittenwidrig erwirkt nichtig machen. Die Sittenwidrigkeit liegt solchenfalls darin, daß durch die Zuwendungen eine Beeinflussung der Bestochenen zum Schaden ihres Geschäftsherrn erfolgt, während nach dem bestehenden Vertrauensverhältnis ausschließlich dessen Vorteil maßgebend sein soll. Da es nach der Lebenserfahrung die Regel, der typische Geschehensablauf ist, daß heimliche Zuwendungen an Angestellte der Gegenseite, namentlich deren Willensvertreter, die Vertragsbedingungen zuungunsten des Geschäftsherrn beeinflussen, so wird nach den Grundsätzen des Beweises des ersten Anscheins in der Regel nicht der getäuschte Geschäftsherr seinen Nachteil zu beweisen brauchen, sondern dem Vertragsgegner obliegt der Nachweis, daß

seine Zuwendungen ohne nachteilige Wirkung auf den Inhalt des abgeschlossenen Vertrags geblieben sind; er hat darzutun, daß nach den besonderen Umständen des Falls der Vertragsschluß überhaupt und unter denselben Bedingungen auch ohne das Schmieren zustandegekommen wäre. Auch der Nachweis, daß ein Schmieren mit Wissen und Willen des Geschäftsherrn erfolgt sei, wird dem Vertragsgegner obliegen; allerdings kann hier nicht der Nachweis bestimmter Kenntnis von solchen Zuwendungen im Einzelfall gefordert werden, sondern es kann nach Umständen die Feststellung genügen, daß der Geschäftsherr mit einem Schmieren seiner Angestellten rechnete und zutreffendenfalls damit einverstanden war. (V, 1. Juni 1932.) Amtl. Sammlg. S. 359—361.

Vgl. Bd. 130 S. 131; Bd. 132 S. 131; Bd. 134 S. 43.

70. Internationales Privatrecht. Ehescheidung. Örtliche Zuständigkeit. (EG. z. BGB. Art. 17, 27; ZPO. §§ 549, 606.) Ein Ehepaar nordamerikanischer Staatsangehörigkeit, das im Jahre 1909 in Chikago die Ehe geschlossen hatte, war nach Deutschland übergesiedelt. Die Ehefrau klagte vor dem deutschen Gericht auf Scheidung der Ehe wegen Ehebruchs ihres Mannes; dieser erhob Widerklage auf Scheidung wegen ehewidrigen Verhaltens der Ehefrau. Das Landgericht hatte die Ehe aus beiderseitigem Verschulden geschieden; die Berufung der Ehefrau wurde zurückgewiesen. Auch ihre Revision hatte keinen Erfolg. Die Zuständigkeit der deutschen Gerichte war vom Berufungsgericht mit Recht bejaht worden, da die Ehegatten ihren Wohnsitz in Deutschland hatten und diese Frage auch nach amerikanischem Recht nach der lex fori zu entscheiden war. Die Revision hatte die Anwendbarkeit deutschen Rechts bestritten; dieses sei nur dann anzuwenden, wenn die auf deutsches Recht verweisende ausländische Kollisionsnorm nicht ihrerseits durch Rückverweisungsbestimmungen eingeschränkt sei. Es sei daher zu prüfen, ob nach dem Recht des Staates Missouri solche Bestimmungen gelten würden; daß bei Anwendung des Rechts dieses Staates die Ehe nicht geschieden werden könne, habe auch das Berufungsgericht unterstellt. Daran war richtig, daß das deutsche Gericht, wenn es zur Anwendung fremden Rechts berufen wird, dieses Recht grundsätzlich in vollem Umfang, mithin nicht nur seine Sachnormen, sondern auch seine Kollisionsvorschriften anzuwenden hat. Für den deutschen Richter ist demnach auch eine Rückverweisung des nach seinen Kollisionsvorschriften an sich anzuwendenden fremden Rechts auf das deutsche Recht bindend. Ob das amerikanische internationale Privatrecht die Rückverweisung anerkennt, ist bestritten. Das brauchte aber nicht weiter geprüft zu werden, da nach Art. 27 EG. z. BGB. die deutschen Gesetze anzuwenden sind, wenn sie nach dem Recht des fremden Staates Anwendung zu finden haben, dessen Gesetze für maßgebend erklärt wurden. Der deutsche Richter ist an das sachliche deutsche Recht gebunden, wenn das betreffende fremde Recht auf deutsches Recht zurückverweist, ohne weiter prüfen zu müssen, ob ihn etwa Kollisionsnormen des deutschen Rechts von neuem auf fremdes Recht verweisen. Wollte man die Rückverweisung des fremden Rechts auf das deutsche Recht als eine solche auf das deutsche internationale Privatrecht auffassen, so könnte eine endlose Hin- und Herverweisung die Folge sein. Es war daher im vorliegenden Fall ausschließlich sachliches deutsches Scheidungsrecht anzuwenden; das stimmt auch mit der allgemeinen Auffassung der Rechtslehre und Rechtsprechung überein. (IV, 2. Juni 1932.)

Amtl. Sammlg. S. 361—367.

Vgl. Bd. 78 S. 234; Bd. 91 S. 41; Bd. 115 S. 105; Bd. 126 S. 353.

71. **Grundstücksveräußerung. Unrichtige Beurkundung. Formvorschrift.** (BGB. § 113; PrGrdVerkG. vom 10. Febr. 1923 und vom 20. Juli 1925.) In einem notariellen Vertrag vom 7. November 1922, dem eine privatschriftliche Vereinbarung vom 18. Oktober 1922 zugrundegelegt wurde, war vereinbart worden, daß ein Grundstück um 200000 Mark verkauft werden solle; auf den Kaufpreis solle eine Hypothek von 60000 ℳ angerechnet und der Rest mit Aktien bezahlt werden, deren Börsenkurs vom 17. Oktober 1922 maßgebend sein sollte. Die Auflassung des Grundstücks erfolgte am 26. März, die Umschreibung am 3. April 1923. Der Verkäufer klagte auf Herausgabe des Grundstücks, da der Kaufpreis unrichtig beurkundet worden sei. Das Landgericht wies die Klage ab; das Berufungsgericht gab ihr statt. Die Revision des Beklagten führte zur Wiederherstellung des

landgerichtlichen Urteils. Der Kläger hatte behauptet, daß der Privatvertrag erst am 7. November 1922 abgeschlossen worden sei und man ihn lediglich aus Steuerersparnisgründen zurückdatiert habe, da an diesem Tage der Aktienkurs niedriger war. Allein diese Unrichtigkeit wurde durch die Angabe, daß der Börsenkurs vom 17. Oktober zugrunde gelegt werden solle, wieder aufgehoben; es konnte höchstens von einem Versuch der Irreführung über Kosten- und Steuergefälle durch Unterschiebung eines unzutreffenden Stichtags, nicht aber von einer wirklichen Unrichtigkeit der Beurkundung gesprochen werden. Zweck des Grundstückverkehrsgesetzes war die Verhütung der Verschleuderung deutschen Grundbesitzes unter dem irreführenden Einfluß der Währungsaufblähung; diesem Zweck sollte die richtige und vollständige Mitteilung der Vereinbarungen dienen. Die öffentlichen Belange wurden aber durch die Art der Beurkundung nicht berührt, wenn ungeachtet einer unzutreffenden Bezifferung des Kaufpreises aus dem Vertrag die wahre Gegenleistung des Käufers zweifelsfrei entnommen werden konnte. Die falsche Datierung der privatschriftlichen Anlage war belanglos, da dieser Vertrag durch den notariellen ersetzt wurde. (V, 11. Juni 1932.) Amtl. Sammlg. S. 367—370.

72. **Haftpflichtversicherung. Anzeigepflicht. Anspruchsverwirkung.** (VVG. §§ 32, 154.) In den allgemeinen Bedingungen einer Versicherungsgesellschaft war bestimmt, daß ihr unverzüglich Anzeige zu erstatten sei, wenn ein Strafverfahren aus einem Ereignis eingeleitet wurde, das einen Haftpflichtanspruch zur Folge haben konnte. Ein Versicherter, durch dessen Kraftwagen ein Mädchen verletzt wurde, erstattete wohl hievon, nicht aber von der Tatsache Anzeige, daß seine Ehefrau deswegen später wegen Körperverletzung mit einer Geldstrafe belegt wurde. Auf eine Mitteilung des Versicherten, daß der Verletzte gegen ihn einen Schadensersatzprozeß beabsichtige, lehnte die Versicherung den Versicherungsschutz ab. Der Versicherte ließ gegen sich ein Versäumnisurteil ergehen und dieses rechtskräftig werden; er klagte sodann gegen die Versicherung auf Feststellung, daß sie den Versicherungsschutz zu gewähren und ihn von allen Zahlungsverpflichtungen zu befreien habe. Die Klage wurde in allen Rechtszügen abgewiesen. Das Berufungsgericht hatte in der Unterlassung

der Anzeige von der Einleitung eines Strafverfahrens gegen die Ehefrau des Klägers eine grobe Fahrlässigkeit des Klägers erblickt; diese tatsächliche Würdigung war irrtumsfrei und für das Revisionsgericht bindend. Die allgemeinen Bedingungen hatten die Anzeigepflicht deutlich hervorgehoben; außerdem war in einem Vordruck über die Schadensanmeldung auf diesen Punkt nochmals hingewiesen worden. Ob durch die Unterlassung der Versicherung tatsächlich ein Schaden entstanden war, brauchte in diesem Zusammenhang nicht näher geprüft zu werden; desgleichen war nicht zu erörtern, ob dem Verwirkungseinwand der Beklagten die Einrede der allgemeinen Arglist dann hätte entgegengehalten werden können, wenn sie auf andere Weise rechtzeitig von dem Strafverfahren Kenntnis erlangt hätte, da festgestellt war, daß sie hievon erst nach Rechtskraft des Strafurteils erfahren hatte. (VII, 14. Juni 1932.) Amtl. Sammlg. S. 370—373.

Vgl. Bd. 93 S. 209; Bd. 127 S. 367.

73. **Sachanträge im Prozeß. Form. Rügeverzicht.** (ZPO. §§ 295, 297.) In einem Schadenersatzprozeß hatte der Geschädigte auf Zahlung einer Rente von monatlich 800 *RM* geklagt; in der Schlußverhandlung der Berufungsinstanz wies er darauf hin, daß er an Stelle der Rente eine Kapitalabfindung beanspruchen könne und bat um die Zusprechung einer solchen. Die Beklagte äußerte sich hiezu nicht. Das Berufungsgericht sprach ihm eine einmalige Abfindung von 38000 *RM* zu. Die Revision der Beklagten führte zur Zurückverweisung. Es stand im Belieben des Klägers, ob er eine Rente oder eine Kapitalabfindung fordern wollte; das Gericht war jedoch nicht befugt, an Stelle der vom Kläger gewollten Befriedigungsart von Amts wegen auf eine andere zu erkennen. Die Bitte des Klägers, statt auf eine Rente auf eine einmalige Abfindung zu erkennen, war nicht ohne weiteres als ein Antrag aufzufassen; man konnte vielmehr der Ansicht sein, daß es sich um eine Anregung handelte, bei deren Verfolgung seitens des Gerichts dem Kläger die Möglichkeit gegeben wurde, weitere Anträge zu stellen. Ein schriftlicher Antrag lag jedenfalls nicht vor. Dieser Mangel konnte auch durch einen stillschweigenden Rügeverzicht, selbst durch übereinstimmenden Parteiwillen nicht beseitigt werden. Wollte man die freie Umgestaltung eines schriftlichen Klag-

antrags durch bloße mündliche Erklärung des Prozeßbevollmächtigten zulassen, so würde es an jeder festen Begrenzung des Rechtsstreits fehlen. Es ist auch von einem stark beschäftigten Kollegialgericht nicht zu verlangen und nicht zu erwarten, daß es in zahlreichen Prozessen die bloß mündlich gestellten Anträge so fest im Gedächtnis behält, daß sie eine sichere Grundlage der Entscheidung bilden können. Die Vorschriften des § 297 ZPO. sind zwingender Natur; Verstöße gegen sie sind nicht heilbar. (VI, 16. Juni 1932.) Amtl. Sammlg. S. 374—377.

Vgl. Bd. 59 S. 397; Bd. 77 S. 313; Bd. 110 S. 150.

74. Rundfunk. Lautsprechermusik. Gewerbliche Verbreitung. Vervielfältigung. Öffentliche Aufführung. Urheberrecht. (LitUrhG. § 15.) Das Reichskartell der Musikveranstalter Deutschlands hatte mit dem Musikschutzverband im Jahre 1930 ein Abkommen getroffen, wonach den Mitgliedern des Reichskartells Vorzugsbedingungen beim Abschluß von Einzelverträgen zugesichert wurden. Über die gewerbsmäßige Vorführung geschützter Rundfunkmusik war lediglich bemerkt, daß Lautsprecherübertragungen in andere Räume nach Größe und Charakter der betreffenden Lokale abgeschätzt werden sollten. Der Musikschutzverband nahm später in seinen allgemeinen Tarif Entgeltsätze für die Rundfunkübertragungen in Gaststätten auf. Das Reichskartell klagte auf Feststellung, daß dem Musikschutzverband für das Hörbarmachen an sich abgabepflichtiger Rundfunkmusik durch Lautsprecher in gewerblichen Betrieben kein Recht auf Entgelt zustehe. Das Berufungsgericht gab der Klage statt; die Revision des beklagten Verbandes blieb erfolglos. Der Streitgegenstand war von den Parteien übereinstimmend dahin begrenzt worden, daß streitig nur die Übertragung der von den Rundfunkgesellschaften selbst aufgeführten, für den Rundfunk bestimmten und durch ihn an die Allgemeinheit geleiteten Musik sein solle. Das Berufungsgericht hatte dazu irrtumsfrei ausgeführt, daß dem beklagten Verband ein Anspruch auf Entgelt nur dann zustünde, wenn durch die gewerbliche Nutzung der Lautsprechermusik ein Urheberrecht der Komponisten an den durch den Rundfunk dargebotenen Musikstücken verletzt würde. Es hatte ferner mit Recht angenommen, daß auf die Rundfunkmusik der urheberrechtliche Begriff der Vervielfältigung nicht anwendbar sei, da die Rundfunkübertragung das Geistesgut lediglich für das Gehör aufnehme und wiedergebe, ohne einen sachlichen Niederschlag des Werkes zu bilden oder zu hinterlassen. Der Rundfunk war auch nicht als ein zur mechanischen Wiedergabe für das Gehör dienendes Instrument anzusehen, da hierunter nur solche Instrumente fallen, welche die Klangquelle in ihrer Mechanik selbst tragen, der Rundfunk aber nur als Sender für die außerhalb davon erzeugten Töne wirkt. Dagegen ist die Wiedergabe von Werken der Tonkunst durch den Rundfunk als öffentliche Aufführung anzusehen. Das Tonwerk wird aufgeführt, wenn es zu Gehör gebracht wird. Der Vorgang im Senderaum genügt diesem Erfordernis, da die Töne auch tatsächlich zu Gehör kommen oder wenigstens zu Gehör kommen können. Daß die Zuhörer nicht zugegen, sondern zumeist räumlich entfernt sind, daß sie nicht versammelt, sondern zerstreut sind, ändert daran nichts; der Begriff der Öffentlichkeit ist durch die bestimmungsmäßige Aufnahme bei einer unbestimmt großen Menge gegeben. Das Berufungsgericht hatte die Rundfunksendung als Verbreiten im Sinne des Urhebergesetzes angenommen und auch die Gewerbsmäßigkeit bejaht; das unterlag keinem Bedenken. Über die urheberrechtliche Bedeutung der Inbetriebsetzung des Lautsprechers hatte es ausgeführt, daß der Inhaber einer Empfangsanlage die Wahl habe, ob er die Darbietungen mittels eines Kopfhörers oder durch Lautsprecher aufnehmen wolle; der wesentliche Unterschied beider bestehe nur in der verschieden starken Wiedergabe der Töne und Geräusche. Der Zweck der Sendung werde durch die Empfangnahme erfüllt; das bloße Anhören der Sendung sei daher keine urheberrechtlich erhebliche Handlung. Das Wesen der Rundfunkeinrichtung besteht darin, als neues technisches Mittel Töne in die Ferne zu übertragen. Die Aufnahme der Töne erfolgt durch eine Membran und endet damit, daß sie durch eine Membran wiedergegeben werden. Das Tönenlassen der Empfangsanlage ist daher nur ein Teil des einheitlichen Rundfunkvorgangs. Der Inhaber eines Empfangsgerätes betätigt sich, wenn er es in Betrieb setzt, nicht selbst als Aufführender oder als Verbreiter, sondern als Gehilfe oder Mittäter der aufführenden oder verbreitenden Sendegesellschaft. Da die gewerbsmäßige Verbreitung eines Musikstücks in der rundfunklichen Wiedergabe einschließlich der Hörbarmachung vor einer beliebig großen Menschenmenge besteht, so kann die gewerbliche Ausnützung des Zuhörenlassens allein nicht nochmals ein Verbreiten oder Aufführen oder eine sonst urheberrechtlich erhebliche Handlung sein. Daran wurde auch durch einen zwischen der Beklagten und der Reichsrundfunkgesellschaft im Jahre 1929 geschlossenen Vertrag nichts geändert. Wenn in ihm bestimmt wurde, daß der Musikschutzverband sich die Verwertung der den Rundfunkgesellschaften übertragenen Aufführungsrechte vorbehalte, soweit sie von den Rundfunkteilnehmern gewerbsmäßig benutzt würden, so konnte diese Bestimmung den Rundfunkteilnehmern gegenüber deshalb nicht wirken, weil die gewerbsmäßige Benutzung des Rundfunks durch dessen Teilnehmer in der Form gewerblicher Verwertung der Lautsprechermusik kein Recht der von dem Beklagten vertretenen Urheber verletzte. Wenn den Rundfunkgesellschaften ein solches Verbotsrecht zustand, so galt das noch nicht für die Urheber. Die Revision hatte dagegen eingewendet, daß durch die gewerblichen Übertragungen vielfach die Musiker ersetzt worden seien. Wie für deren Darbietungen eine Tantieme gezahlt werden müßte, so sei das auch für den Ersatz durch den leblosen Lautsprecher nötig, welcher die verkehrsmäßige Nachfolge dieser Kapellen angetreten habe. Das entspreche auch dem Grundsatz, daß dem Urheber tunlichst überall, wo aus seinem Geisteswerk ein geldwertlicher Gewinn gezogen werde, die Teilnahme daran zu ermöglichen sei und daß ferner in Zweifelsfällen angenommen werden müsse, daß eine Befugnis bei ihm verblieben sei. Das Reichsgericht erklärte demgegenüber, daß an diesen Grundsätzen zwar festzuhalten sei, daß sie jedoch im Streitfall die von der Revision gezogenen Folgerungen nicht rechtfertigten. An Stelle der Handmusik ist nicht der Lautsprecher allein, sondern der Lautsprecher als Empfangsgerät des Rundfunks, also in engster Verbindung mit diesem getreten; der Besitzer des Lautsprechers entrichtet aber als Rundfunkteilnehmer eine Abgabe und die Rundfunkgesellschaft zahlt an den Musikschutzverband ihre Vergütung. Soweit darin bei gewerblicher Lautsprecherbenutzung kein wirtschaftlich entsprechender Ersatz lag, war die vertragliche Regelung des Ausgleichs den Beteiligten überlassen. Durch das Tönenlassen des Lautsprechers wurde auch keine neue selbständige Aufführung veranstaltet, sondern lediglich die von der Sendegesellschaft veranstaltete und durch den Sender vermittelte Aufführung mechanisch weitergegeben. Darin liegt auch keine selbständige Verbreitung, da die vom Senderaum zur Weiterverbreitung bestimmten Töne lediglich durch den als Empfangsanlage dienenden Lautsprecher hörbar gemacht werden. Da es sich bei der Lautsprechermusik um je eine einzige Sendestelle, Empfangsanlage und Wiedergabe handelt, so kann auch nicht von einer neuen technischen Verwertungsart gesprochen werden. Auch wird durch sie zwar eine Verbreiterung des Hörerkreises, nicht aber eine neue, selbständige Verbreitung des Werkes erzielt. Auch aus dem Vertrag zwischen dem beklagten Verband und der Reichsrundfunkgesellschaft konnte der Kläger keine Rechte ableiten. Wenn der Urheber oder derjenige, an den er seine Rechte übertragen hat, das Werk in Ausübung dieser Befugnisse verbreitet und damit in Verkehr bringt, so ist für diese Verbreitung sein Recht erschöpft; er kann Dritten weder die gewerbsmäßige Ausnutzung dieser Verbreitung untersagen, noch ihr Recht dazu beschränken. Ist das Werk berechtigterweise durch den Rundfunk gesendet, so erschöpft sich damit die Verbreitungsbefugnis des Urheberberechtigten für diese Sendung. Er kann durch Vertrag mit der Sendegesellschaft die Verbreitungsbefugnis und deren Ausübung zwar mit schuldrechtlicher Wirkung für diese Gesellschaft, aber nicht mit dinglicher Wirkung Dritten gegenüber urheberrechtlich regeln. Erst wenn die Sendung für eine spätere selbständige Darbietung — etwa durch Übertragung auf ein anderes Empfangsgerät und Hörbarmachung von ihm aus — nutzbar gemacht wird, kann darin urheberrechtlich ein neuer Verbreitungsvorgang liegen. Für die Annahme, daß mit der Gestattung der Rundfunksendung die Befugnis zur gewerbsmäßigen Lautsprecherdarbietung nicht habe übertragen werden wollen, fehlte jede tatsächliche Grundlage. (I, 11. Juni 1932.) Amtl. Sammlg. S. 377—390. Vgl. Bd. 63 S. 398; Bd. 118 S. 385; Bd. 123 S. 319; Bd. 128 S. 103, 113; Bd. 130 S. 206; Bd. 133 S. 330; Bd. 134 S. 201; Bd. 135 S. 148.

75. Gewerbegerichte. Beamtenübernahme. Arbeitsgerichtsgesetz. Gesetzesauslegung. (ArbGG. § 117.) Ein

Beamter an einem Gewerbegericht wurde an ein Arbeitsgericht als Justizbüroassistent übernommen; auf Grund des Besoldungsgesetzes vom 17. Dezember 1927 wurde er in die Besoldungsgruppe A 6 überwiesen und ihm die Bezeichnung Justizsekretär verliehen. Er behauptete, daß ihm die Übernahme als Sekretär zugestanden habe; er wäre dann zum 1. Oktober 1927 mindestens in die Gruppe A 4 d einzustufen gewesen. Seine darauf gerichtete Klage drang durch. Ursprünglich war der Kläger Bürogehilfe gewesen; mit Wirkung vom 1. April 1920 war er in die Besoldungsgruppe der Assistenten versetzt worden. Als der Vorstand der Gerichtsschreiberei im Dezember 1921 in den Ruhestand trat, nahm man an, daß der Kläger vorrücken würde; er wurde im Jahre 1922 mit ministerieller Genehmigung in die Gruppe A 6 eingestuft und im Haushaltsplan der Stadt S. unter der Amtsbezeichnung Sekretär geführt. Das Berufungsgericht hatte auf Grund der dienstlichen Äußerungen der Richter und des Justizoberinspektors, unter denen der Kläger tätig gewesen war, angenommen, daß seine Tätigkeit der eines Justizsekretärs alter Art ähnlicher gewesen sei, als der eines Assistenten alter Art; diese Feststellung war für das Revisionsgericht bindend. Bei den Gewerbegerichten bestanden keine so eingehenden Vorschriften über die Vorbildung und Tätigkeit der Beamten, ihre Einstufung, Beförderung und Amtsbezeichnungen, wie bei den vergleichbaren Beamten der staatlichen Justizverwaltung; es ergab sich daher die Möglichkeit gewisser Unstimmigkeiten in der Vergleichung. Diese war in Würdigung der Gesamtlage vorzunehmen, wobei dem richterlichen Ermessen ein gewisser Spielraum verblieb. Wenn auch dem Kläger die Amtsbezeichnung Sekretär nicht förmlich verliehen worden war, so war doch die Tatsache, daß die Stadt ihn in den der Regierung vorgelegten und von dieser nicht beanstandeten Haushaltsplänen als solchen geführt hatte, nicht unerheblich. Wenn seine Dienststellung ferner der eines Justizsekretärs alter Ordnung gleichzubewerten war, so war auch die Schlußfolgerung berechtigt, daß er als solcher hätte übernommen werden müssen. Er wäre dann auch in die Lage versetzt gewesen, die Ergänzungsprüfung zu machen, zu der er jetzt nicht zugelassen wurde. Das Berufungsgericht hatte ausdrücklich festgestellt, daß er diese bestanden haben würde.

Fraglich war allerdings, ob er ein Recht darauf hatte, so gestellt zu werden, wie wenn er diese Prüfung bestanden hätte; dieses Bedenken konnte aber nicht ausschlaggebend zu seinen Ungunsten verwertet werden. Bei der Übernahme wurde ihm sein volles gesetzliches Recht jedenfalls nicht zuteil und es entstanden ihm hieraus ungerechtfertigte Nachteile; als einen solchen hatte auch das Berufungsgericht irrtumsfrei den Verlust der Anwartschaft, zur Ergänzungsprüfung aufgefordert zu werden, angesehen. (III, 3. Juni 1932.)

Amtl. Sammlg. S. 390—395.

76. **Lebensversicherung. Abtretung der Rechte. Verpfändung. Schriftliche Einwilligung. Unwirksamkeit. Fragepflicht.** (VersVertrG. § 159; ZPO. § 139.) Ein Ehemann war gegen Todesfall versichert; als Versicherungsnehmer und Prämienzahler war im Versicherungsschein seine Ehefrau aufgeführt; dieser sollte auch die Versicherungssumme zukommen. Nach seinem Tode im Jahre 1929 hinterlegte die Versicherungsgesellschaft die Versicherungssumme, da der Anspruch der Ehefrau von einer Brauerei gepfändet worden war. Ein Gastwirt klagte auf Grund einer Zession der Ehefrau aus dem Jahre 1926 gegen die Brauerei auf Einwilligung in die Auszahlung der Versicherungssumme an ihn. Die Klage wurde in allen Rechtszügen abgewiesen. Es lag eine Fremdversicherung der Ehefrau zu ihren Gunsten für den Todesfall des Ehemanns vor; diese konnte nur mit schriftlichem Einverständnis des Versicherten (also des Ehemanns) abgetreten oder verpfändet werden. Das war auch in den allgemeinen Versicherungsbedingungen deutlich zum Ausdruck gebracht. Eine trotzdem erfolgte Abtretung war unwirksam; diese Unwirksamkeit konnte von der beklagten Brauerei geltend gemacht werden, welche die Forderung nach dem Todesfall gepfändet hatte. Die unwirksame Abtretung konnte auch nicht dadurch wirksam werden, daß der Ehefrau nach dem Tode des Ehemanns das Recht auf die Versicherungssumme zufiel. Zwar konnte sie nunmehr ihre Ansprüche an den Kläger abtreten; eine solche Abtretung war aber nicht behauptet. Die frühere Abtretung blieb unwirksam, denn mit dem Anfall der Versicherungssumme war gerade der Fall eingetreten, in dem das Abtretungsverbot praktisch wirksam werden sollte. Die Re-

vision hatte behauptet, es liege tatsächlich ein schriftliches Einverständnis des Versicherten vor; der Berufungsrichter hätte das durch Ausübung seines richterlichen Fragerechtes feststellen müssen. Das bedeutete eine Überspannung der Fragepflicht. Der Vorsitzende hat allerdings dahin zu wirken, daß die Parteien über alle erheblichen Tatsachen sich vollständig erklären und sachdienliche Anträge stellen, insbesondere auch ungenügende Angaben der geltend gemachten Tatsachen ergänzen und die Beweismittel bezeichnen. Er hat zu diesem Zweck mit den Parteien das Sach- und Streitverhältnis nach der tatsächlichen und rechtlichen Seite hin zu erörtern und Fragen zu stellen. Die Beklagte hatte jedoch wiederholt in ihren Schriftsätzen darauf hingewiesen, daß die schriftliche Einwilligung des Versicherten zur Gültigkeit der Abtretung der Rechte aus dem Vertrag erforderlich gewesen wäre; hierauf war der Kläger nie näher eingegangen. Bei dieser Sachlage und nachdem der Streitpunkt in den Schriftsätzen der Anwälte klar herausgearbeitet worden war, konnte der Kläger nicht erwarten, daß zu diesem Punkt noch weitere Fragen gestellt würden; eine Rechtspflicht des Berufungsrichters bestand hiezu jedenfalls nicht. (VII, 14. Juni 1932.)

Amtl. Sammlg. S. 395—401.

Vgl. Bd. 75 S. 142; Bd. 86 S. 350; Bd. 136 S. 49.

77. **Auflassung. Offene Handelsgesellschaft. Grundbuchordnung.** (BGB. §§ 873, 925; GBO. § 79.) Die Mitglieder einer offenen Handelsgesellschaft, S. L., E. L. und F. L. beantragten das Grundbuch für ein dieser Gesellschaft gehöriges Grundstück dahin zu berichtigen, daß S. L. und F. L. Miteigentümer zur gesamten Hand als Gesellschafter einer Gesellschaft bürgerlichen Rechtes seien. Das Grundbuchamt wies den Antrag zurück, da hiezu eine Auflassung der offenen Handelsgesellschaft an die Gesellschaft bürgerlichen Rechtes erforderlich sei. Das Landgericht verwarf die Beschwerde; das Kammergericht, das diesen Standpunkt billigte, legte die Sache dem Reichsgericht vor, da es an der Zurückweisung der weiteren Beschwerde durch einen entgegenstehenden Beschluß des Oberlandesgerichts Hamburg gehindert war. Es führte in dem Vorlegungsbeschluß aus, daß zwar zwischen einer offenen Handelsgesellschaft und einer Gesellschaft des bürgerlichen Rechts keine wesentlichen Unterschiede beständen, daß es sich aber

doch um zwei rechtlich selbständige Gesellschaften handle. Wenn die offene Handelsgesellschaft auch keine juristische Person sei, so komme sie einer solchen in der rechtlichen Zusammenfassung der Gesellschafter zu einer Einheit sehr nahe. Auch bei Personengleichheit beider Gesellschaften könne eine formlose Grundstückverschiebung nicht zugelassen werden, da sich bei nachträglicher Änderung des Mitgliederbestandes eine Unsicherheit der Eigentumsverhältnisse ergeben könne. Dem trat das Reichsgericht bei. Die Frage war bisher in Rechtslehre und Rechtsprechung umstritten. Wenn aber der Gesetzgeber das Vermögen einer offenen Handelsgesellschaft derart verselbständigt hat, daß die Zugehörigkeit von Grundstücken dazu im Grundbuch eingetragen werden kann und damit dem öffentlichen Glauben des Grundbuchs unterstellt wird, so ist daraus zu schließen, daß ein solches Grundstück nicht durch formlose Abrede der Gesellschafter aus dem Gesellschaftsvermögen ausscheiden und dadurch der Haftung entrückt werden kann, sondern daß die für den rechtsgeschäftlichen dinglichen Übertragungsakt vorgeschriebenen gesetzlichen Formen gewahrt werden müssen. Der Gedanke, daß bei einer Personengleichheit der Gesellschafter einer offenen Handelsgesellschaft und einer bürgerlich-rechtlichen Gesellschaft dieselben natürlichen Personen gesamthänderisch Eigentümer bleiben, mußte dabei zurücktreten gegenüber der Erwägung, daß diese Personen auf beiden Seiten verschiedene Sondervermögensmassen verkörperten. Das Gesamthandseigentum der Gesellschafter einer offenen Handelsgesellschaft und das einer Gesellschaft bürgerlichen Rechts weist auch trotz mancher Ähnlichkeit beachtliche gesetzliche Unterschiede auf; zudem ist auf diesem der Durchsichtigkeit und Zuverlässigkeit besonders bedürftigen Gebiet des Grundbuchwesens auch aus Gründen der Rechtssicherheit eine klare Scheidung erforderlich. Dem stand auch die abweichende frühere Entscheidung eines anderen Senates nicht im Wege, da sie vor dem Inkrafttreten des Bürgerlichen Gesetzbuches ergangen war. (V, 4. Juni 1932.) Amtl. Sammlg. S. 401—407.

Vgl. Bd. 108 S. 358; JW. 1899 S. 320.

78. **Hypothek. Mietzinsen. Pachtzinsen. Vorausverfügung.** (BGB. §§ 1123, 1124.) Ein Theater wurde in der Weise verpachtet, daß für die Überlassung der Räume

12000 *RM*, für die des Inventars und der Beleuchtungsgegenstände die gleiche Summe und zur Abgeltung der Garderobegebühren und des Programmverkaufs 12500 *RM* jährlich zu entrichten waren. Die Pachtsumme war in vierteljährlichen Raten vorauszuzahlen; die ersten beiden Raten und ein Teilbetrag von 1750 *RM* von der dritten Rate sollten dadurch als bezahlt gelten, daß der Pächter das Theater neu instandsetzen ließ. Hiebei wurde davon ausgegangen, daß der Renovierungsbetrag 20000 *RM* nicht übersteigen würde; ein Mehrbetrag sollte bei einer Verlängerung des Vertrages durch den Pächter auf die Pachtsumme des folgenden Jahres angerechnet werden. Der tatsächliche Kostenaufwand betrug 36000 *RM*. Das Grundstück kam in Zwangsverwaltung. Der Zwangsverwalter lehnte das Angebot des Pächters ab, den Vertrag gegen Anrechnung der 16000 *RM* auf die Pachtsumme des folgenden Jahres zu verlängern, und klagte gegen ihn auf Zahlung der Pachtsumme für die beiden letzten Vierteljahre, ohne den Teilbetrag von 1750 *RM* dabei abzuziehen. Die Untergerichte hatten der Klage stattgegeben; das Reichsgericht ermäßigte die Verurteilung auf die rückständige Pachtsumme abzüglich der 1750 *RM*. Das Landgericht hatte ohne Rechtsirrtum angenommen, daß die Zerlegung des Pachtzinses in verschiedene Summen nur aus steuerrechtlichen Gründen erfolgt war und daß es sich in Wirklichkeit um die Pacht eines einheitlichen Betriebes handelte. Da den Hypothekgläubigern als Ersatz der ihnen durch die Verpachtung entzogenen Gegenstände die entsprechende Pachtforderung zur Verfügung steht, konnte der Teilzins für das Zubehör der Haftung nicht entzogen werden. Ob es sich hier um einen Miet- oder einen Pachtvertrag handelte, war belanglos, da die Forderungen aus beiden Verträgen vom Gesetz gleichmäßig behandelt werden. Entscheidend war, ob und wie weit der Beklagte der Vertragsklage seine Aufwendungen für die Instandsetzung des Theaters entgegenstellen durfte. Die Weigerung des Zwangsverwalters, den Pachtvertrag unter Anrechnung der 20000 *RM* übersteigenden Renovierungskosten fortzusetzen, konnte höchstens einen Schadenersatzanspruch des Beklagten bewirken; ein solcher war nicht geltend gemacht worden. Eine Anrechnung dieses Betrags auf die Pachtsumme des ersten Jahres war vertraglich ausgeschlossen.

Es war deshalb nur zu prüfen, ob das Verlangen der Anrechnung der 1750 *RM* berechtigt war. Das war zu bejahen. Das Berufungsgericht hatte angenommen, daß die Anrechnung der Instandsetzungskosten bis zu 20000 *RM* auf die Pachtraten des ersten Vertragsjahres eine Vorausverfügung über den Pachtzins gewesen sei. Das war von der Revision mit Recht beanstandet worden. Der Pachtvertrag war auch dem Verwalter gegenüber wirksam; die in ihm vereinbarten Abreden enthielten keine Vorausverfügung über den Pachtzins, dessen Bestehen eben der Begriff der Verfügung voraussetzt. Wenn aus dem Vertrag hervorging, daß der Verpächter von der ihm gesetzlich obliegenden Instandhaltungspflicht befreit werden und der Pächter durch die von ihm selbst vorgenommenen Instandsetzungsarbeiten erst in die Lage versetzt werden sollte, den Pachtzins zu bezahlen, so war damit nichts anderes gesagt, als daß der Pächter die ihm nach dem Vertrag zufallende Nutzung zu einem erheblichen Teil aus dem eigenen Vermögen nahm. Diesem Umstand kam entscheidende Bedeutung für die Pachtzinsbemessung zu. Die Form der Verrechnung wurde hauptsächlich deshalb gewählt, weil der Umfang der Aufwendungen damals noch nicht feststand. Der enge Zusammenhang mit dem Wert der Vertragsleistung des Verpächters kennzeichnete die Abmachung als eine wesentlich zur Bemessung des Pachtzinses, nicht zu seiner Begleichung gehörige Abrede. (I, 11. Juni 1932.) Amtl. Sammlg. S. 407—415.

Vgl. Bd. 83 S. 140; Bd. 85 S. 109.

79. **Gesellschaftererfindung. Betriebserfindung. Vertragsschluß mit sich selbst.** (PatG. § 1; BGB. § 181.) Ein Kaufmann war bei einer Firma zuerst als Prokurist, später als Gesellschafter tätig. Während seiner Tätigkeit ließ die Firma eine Erfindung, die er gemacht hatte, zu Patent anmelden; sie bediente sich hiezu eines Dritten, um die Konkurrenz abzulenken. Dieser trat die Rechte aus der Erfindung dem Kaufmann ab. Die Feststellungsklage der Firma, daß ihr die Rechte am Patent zuständen, drang in allen Rechtszügen durch. Das Berufungsgericht hatte festgestellt, daß die Erfindung in der Zeit gemacht wurde, als der Beklagte noch im Dienste der Firma stand; es hatte die Erfindung als Diensterfindung angesehen. Bei Gesellschaftern, die ihre Arbeitskraft zu gemeinsamen Zwecken

vereinigen, ist eine scharfe Scheidung des Pflichtenkreises nicht möglich; es gehören daher auch die Erfindungen eines kaufmännischen Gesellschafters der Gesellschaft hiezu, zumal wenn diesem, wie hier, die technische Abteilung unterstellt ist. Die Erprobung der Erfindung war außerdem nur im Betrieb der Klägerin und auf deren Kosten erfolgt. Die eigenartige Wirkung der Diensterfindung beruht darin, daß das Recht an solchen Erfindungen unmittelbar in der Person des Dienstherrn entsteht. Auf Gesellschaftererfindungen müssen aber die Grundsätze der Diensterfindung noch in erhöhtem Maß angewendet werden. Ob es die Aufgabe der Gesellschaft war, solche Erfindungen zu machen, war hiebei belanglos; es gehört zu den Aufgaben jeden Fabrikbetriebs, seine Herstellungsweise zu verbessern und zu verbilligen und alles, was diesem Zweck dient, fällt in den Rahmen der Gesellschaftszwecke, an deren Verwirklichung mitzuhelfen erste Pflicht der im Betrieb tätigen Gesellschafter ist. Die Abtretung der Rechte durch den Dritten an den Beklagten war vom Berufungsgericht mit Recht als unzulässiger Vertragsschluß mit sich selbst betrachtet worden. Sachlich war es so anzusehen, als ob die Klägerin selbst die Anmeldung vorgenommen und der Beklagte als geschäftsführender Gesellschafter die Abtretung an sich selbst getätigt hätte. Wenn weder im Dienst- noch im Gesellschaftsvertrag etwas über die Verwertung von Diensterfindungen enthalten war, so änderte das nichts; gerade wenn nichts Abweichendes vereinbart ist, treten die allgemeinen Rechtsregeln in Geltung. Daß der Beklagte schon vor seiner Dienstzeit bei der Klägerin an die Möglichkeit einer solchen Erfindung gedacht hatte, konnte nicht ausschlaggebend sein; tatsächlich hat er die Idee erst zu einem späteren Zeitpunkt wieder aufgegriffen und sie erst dann in die Wirklichkeit umgesetzt, als er bereits im Dienst der Klägerin stand. (I, 11. Juni 1932.)

Amtl. Sammlg. S. 415—421.
Vgl. Bd. 127 S. 197; Bd. 131 S. 328.

80. Grundschuldverpfändung. Vertragspfandrecht. Verpfändungserklärung. Schriftform. Bevollmächtigung. (BGB. §§ 125, 133, 1154, 1254, 1291.) Eine Kommanditgesellschaft hatte auf ihren Grundstücken zwei Briefgrundschulden eintragen lassen. Sie übergab die Briefe einem Kartell, das ihr hiefür die Beschaffung eines Kredites zusicherte. Dieses sandte die Briefe mit einer schriftlichen Verpfändungserklärung der Kommanditgesellschaft vom 11. Juli 1924 an eine Sparkasse. Mit der Behauptung, die Sparkasse habe ein zugesagtes Darlehen nicht gegeben, klagte die Kommanditgesellschaft auf Herausgabe der Grundschuldbriefe. Die Beklagte wandte dagegen ein, daß der Generaldirektor des Kartells mit ihr einen Vertrag am 5. Juli 1924 abgeschlossen habe, wonach er sich zur Verschaffung der Grundschuldbriefe zur Sicherung eines ihm gewährten Kredits verpflichtet habe; außerdem machte sie ein Zurückbehaltungsrecht geltend. Das Berufungsgericht verurteilte die Beklagte zur Herausgabe der Grundschuldbriefe; ihre Revision blieb erfolglos. Zur Entstehung eines Pfandrechts an einer Grundschuld gehört die Erteilung einer schriftlichen Verpfändungserklärung; für die Annahme dieser Erklärung ist Schriftform nicht erforderlich. Dieser Formvorschrift genügte die Verpfändungserklärung vom 11. Juli deshalb nicht, weil sie keine Angabe darüber enthielt, welche Forderung durch sie gesichert werden sollte. Zur Entstehung eines Vertragspfandrechts gehört der Pfandgegenstand, die Pfandbestellung und die pfandgesicherte Forderung; diese drei Voraussetzungen müssen in der Verpfändungserklärung bezeichnet werden. Ist für eine Willenserklärung die Schriftform vorgeschrieben, so muß sie alle wesentlichen Teile der Willenserklärung umfassen; die Verpfändung einer Grundschuld muß daher auch die Forderung nennen, die durch die Verpfändung gesichert sein soll; sonst ist sie nichtig. Es ist zwar nicht nötig, daß die Forderung in allen Einzelheiten in der Urkunde angegeben ist; es genügt, wenn sie so bezeichnet wird, daß sie in Verbindung mit anderen Umständen zweifelsfrei festgestellt werden kann. Auch die Urkunde vom 5. Juli enthielt keine gültige Verpfändungserklärung, da sie lediglich das Versprechen einer Verschaffung von Grundschuldbriefen enthielt, nicht aber den dinglichen Akt selbst. Auch beide Urkunden zusammen erfüllten das Erfordernis der Schriftform nicht. Die Willenserklärung muß in ihrer Gesamtheit in einer Urkunde enthalten sein; erstreckt sie sich über mehrere Blätter, so müssen diese zu einer einheitlichen Urkunde im Rechtssinne zusammengefaßt werden, z. B. durch dauerndes Beiheften der Anlage. Enthalten die Blätter selbständige Willenserklärungen, so bedarf es außerdem der Bezugnahme der einen Willenserklärung auf die andere. Eine Einheit der Personen, welche die Erklärungen abgeben, ist zwar nicht unbedingt erforderlich; es ist aber bei ihrer Verschiedenheit das Erfordernis der Bezugnahme scharf zu beachten und man wird nicht ohne triftige Gründe die Ergänzung der Erklärung einer Person durch die Erklärung einer anderen annehmen können. Auch ein Zurückbehaltungsrecht stand der Beklagten nicht zu. Wenn in einem früher entschiedenen Fall ein solches Recht dann angenommen wurde, wenn einem angesehenen Anwalt unausgefüllte unterzeichnete Entwürfe zu Grundschuldabtretungen von geringer Höhe ausgehändigt wurden, so lag der Fall hier doch insofern anders, als der Generaldirektor des Kartells der Beklagten ganz erheblich verschuldet war und diese die Grundschuldbriefe zur Sicherung dieser Forderungen erhalten wollte. Die Urkunde vom 11. Juli war außerdem bereits vollendet und bedurfte keiner Ergänzung mehr; zudem handelte es sich um einen Millionenbetrag, von dem die Beklagte unmöglich annehmen konnte, daß die Kommanditgesellschaft Grundschuldbriefe in dieser Höhe dem Generaldirektor zur Sicherung seiner Schulden überlassen habe. (VII, 21. Juni 1932.)

Amtl. Sammlg. S. 422—427.

Vgl. Bd. 59 S. 217; Bd. 66 S. 24; Bd. 80 S. 400; Bd. 81 S. 257; Bd. 105 S. 289; Bd. 107 S. 291; Bd. 117 S. 59; Bd. 125 S. 156; Bd. 131 S. 1.

81. Gesamtanspruch. Verjährung. (BGB. §§ 194, 197, 198, 224; EG. z. BGB. Art. 169, 170.) In einem zwischen dem preußischen Staat als Inhaber des Domaniums S. und dem Grafen O. als Inhaber des Domaniums O. im Jahre 1796 abgeschlossenen Vertrag wurde ein Wald an das Domanium O. abgetreten; die Steuerlasten für ihn sollten vom Domanium S. getragen werden. In der Folgezeit wurden die auf dem Wald liegenden Grundsteuern teils von den Grafen von O., teils vom preußischen Staat getragen; der letztere erlegte die Grundsteuer zum letzten Male im Jahre 1880. Der Rechtsnachfolger des Grafen von O. klagte im Jahre 1926 gegen den preußischen Staat auf Ersatz der seit dem 1. Januar 1924 gezahlten Grundvermögenssteuern. Die Klage drang nicht durch. Es handelte sich um die Frage, ob ein nach Preußischem Allgemeinem Landrecht begründetes und nach diesem der Verjährung unterliegendes Gesamtrecht auf wiederkehrende Leistungen von der Unverjährbarkeit betroffen wird, die für solche Rechtsbildungen nach dem Recht der Anspruchsverjährung des Bürgerlichen Gesetzbuchs gilt. Das Reichsgericht hatte in seiner Rechtsprechung zur Rechtsnatur der Leibrente ständig anerkannt, daß die einzelnen Rentengefälle als Nutzungen eines in sich geschlossenen einheitlichen Rentenrechts anzusehen seien. Was für das Leibrentenrecht gilt, ist für Fälle der vorliegenden Art nicht entscheidend anders anzusehen. Die Zusage, jedes Jahr unbegrenzt die Grundsteuern einer bestimmten Fläche zu tragen, bedeutet wirtschaftlich gesehen nicht das Versprechen einer Summe von Einzelleistungen, sondern das einer einheitlichen Lastenbefreiung, die einen dauernden, nahezu eigenschaftlichen Vorzug des erworbenen Landes ausmacht. Dieser wirtschaftlichen Lage wird die Auffassung einer einheitlichen Gesamtverpflichtung mit einzelnen Gefällen besser gerecht, als die von selbständigen, unverknüpften oder doch nur durch eine Anwartschaft gebundenen Einzelforderungen. Es war anzunehmen, daß im vorliegenden Fall — wie bei den einzelnen Rentenansprüchen der Leibrente — in der Geltendmachung des einzelnen Gefälls gleichzeitig die des Gesamtanspruchs, soweit er zur Stillung anstand, zum Ausdruck kam. Unterbleibt bei solchen kurzzeitig und laufend wiederkehrenden Gefällen Leistung, Einklagung oder eine sonst die Verjährung unterbrechende Handlung für eine Rate, so setzt gleichzeitig die Verfolgung des Gesamtanspruchs in dem zu seiner Stillung und Kundmachung einzig bestimmten Akt aus. Es kann nicht im Sinne des Gesetzgebers gelegen haben, die wirtschaftliche und staatliche Aufgabe der Verjährungseinrichtung aus Erwägungen rechtsbegrifflicher Art dermaßen weitgehend einzuschränken und seit langen Jahren vergessene Rentenrechte niemals erlöschen zu lassen. Es wäre mit der Gesamtrichtung des deutschen Rechts nicht vereinbar, der Verjährungseinrede keine Folge zu geben gegenüber schuldrechtlichen Verträgen nach Art des vorliegenden. Es war daher dem Berufungsgericht darin beizutreten, daß sich die Verjährung des Gesamtrechts auch nach dem 1. Januar 1900 vollenden konnte und spätestens im Jahre 1912 vollendet war. (VIII, 30. Mai 1932.)

Amtl. Sammlg. S. 427—433.

Vgl. Bd. 56 S. 253; Bd. 64 S. 421; Bd. 67 S. 207; Bd. 68 S. 340; Bd. 79 S. 278; Bd. 80 S. 208; Bd. 83 S. 354; Bd. 89 S. 259; Bd. 91 S. 6; Bd. 94 S. 157; Bd. 95 S. 302; Bd. 104 S. 195, 272; Bd. 106 S. 82, 93; Bd. 111 S. 286.

82. Mietkündigung. Notverordnung. Rechtsgültigkeit. (4. NotVO. vom 8. Dezember 1931 Teil I Kap. III; MietKündVO. vom 23. Dezember 1931.) Eine Brauerei pachtete im Jahre 1929 eine Schankwirtschaft mit Einrichtung und den dazu gehörigen Wohnräumen auf die Dauer von 6 Jahren. Auf Grund der Notverordnung vom 8. Dezember 1931 kündigte sie am 16. Dezember 1931 den Vertrag. Die Klage der Verpächterin auf Feststellung, daß eine wirksame Kündigung nicht vorliege, wurde vom Landgericht abgewiesen; auf die unmittelbar eingelegte Revision hin verwies das Reichsgericht die Sache zurück. Die Tatsache, daß das Kündigungsschreiben schon vor dem Erlaß der Mietkündigungsverordnung ergangen war, schloß nicht aus, daß die Bestimmungen dieser Verordnung auch auf die bereits erfolgte Kündigung einwirken konnten; diese erlangte Wirksamkeit nur dann, wenn sie auch auf Grund dieser Verordnung zulässig war. Die Notverordnung ließ Ergänzungs- und Durchführungsvorschriften für den gesamten Inhalt des Kap. III, nicht nur für dessen einzelne Paragraphen zu; sie verlieh damit auch die Befugnis, die Vorschriften über den Kündigungsausschluß zu ergänzen. Das Landgericht hatte die Behauptung des Klägers, bei dem vorliegenden Pachtverhältnis sei die Hauptsache die Überlassung des Wirtschaftsbetriebs gewesen, für unzutreffend erklärt, da die Überlassung des Gebrauchs der Wirtschaftsräume und der Wohnung der Überlassung des in den Räumen betriebenen Gewerbes zum mindesten gleichwertig wäre. Diese ohne jede Begründung getroffene Feststellung machte eine Prüfung durch das Revisionsgericht unmöglich, ob nicht der Begriff der Hauptleistung verkannt worden war; schon insofern unterlag das Urteil der Aufhebung. Das Landgericht hatte ferner angenommen, daß der Kläger zwar ein Interesse an der Fortführung des Wirtschaftsbetriebs — sei es zur Erhaltung des Gästekreises oder zur Vermeidung einer Konzessionsgefährdung — habe, daß hieraus aber keine Pflicht zur Ausübung des Gebrauchs zu entnehmen sei, die eine Kündigung ausschließe. Die Belange des Klägers hätten eine solche ständige Ausübung des Betriebs nicht dringend erfordert, da sie auch ohnedies hinreichend geschützt gewesen seien. Diese Darlegungen gingen zwar von einer richtigen Gesetzesauslegung aus, sie verkannten aber, daß die Entscheidung unter Beachtung aller Umstände des Falles zu treffen war. Es war nicht ausgeschlossen, daß unter besonderen Umständen solche Belange allein oder in Verbindung mit anderen die Gebrauchspflicht des Mieters oder Pächters im Einzelfall nach dem Willen der Beteiligten begründeten. Hierüber waren noch weitere Erhebungen zu pflegen. (VIII, 23. Juni 1932.)

Amtl. Sammlg. S. 433—436.

Gesetzesregister.

Seitenzahlen der amtlichen Sammlung.

1 1—4; **2** 4—14; **3** 15—19; **4** 19—26; **5** 26—32; **6** 33—34; **7** 34—40; **8** 40—45; **9** 45—49 **10** 49—52; **11** 52—56; **12** 56—69; **13** 60—62; **14** 62—65; **15** 65—74; **16** 74—80; **17** 80—82; **18** 83—87; **19** 87—91 **20** 91—96; **21** 97—100; **22** 100—106; **23** 106—108; **24** 109—111; **25** 111—113; **26** 113—125; **27** 125—127; **28** 127—132; **29** 132—135; **30** 135—136; **31** 137—141; **32** 142—147; **33** 148—152; **34** 152—161; **35** 162—165; **36** 165—169; **37** 169—178; **38** 178—185; **39** 186—192; **40** 193—196; **41** 197—201; **42** 202—206; **43** 206—207; **44** 207—210; **45** 211—223; **46** 224—227; **47** 228—232; **48** 232—236; **49** 236—246; **50** 247—260; **51** 260—266; **52** 266—273; **53** 273—275; **54** 276—288; **55** 288—293; **56** 293—299; **57** 299—301; **58** 301—307; **59** 307—310; **60** 310—313; **61** 313—319; **62** 320—321; **63** 321—327; **64** 327—332; **65** 332—339; **66** 339—345; **67** 345—553; **68** 353—359; **69** 359—361; **70** 361—367; **71** 367—370; **72** 370—373; **73** 374—377; **74** 377—390; **75** 390—395; **76** 395—401; **77** 401—407; **78** 407—415; **79** 415—421; **80** 422—427; **81** 427—433; **82** 433—436.

Sachregister.

FSC
www.fsc.org
MIX
Papier | Fördert gute Waldnutzung
FSC® C083411

Kolibri 360 GmbH
Ferdinand-Jühlke-Straße 7
99095 Erfurt, Deutschland
produktsicherheit@kolibri360.de